140
109

LE CONCILIATEUR,

ou

LA SEPTIÈME ÉPOQUE,

APPEL A TOUS LES FRANÇAIS.

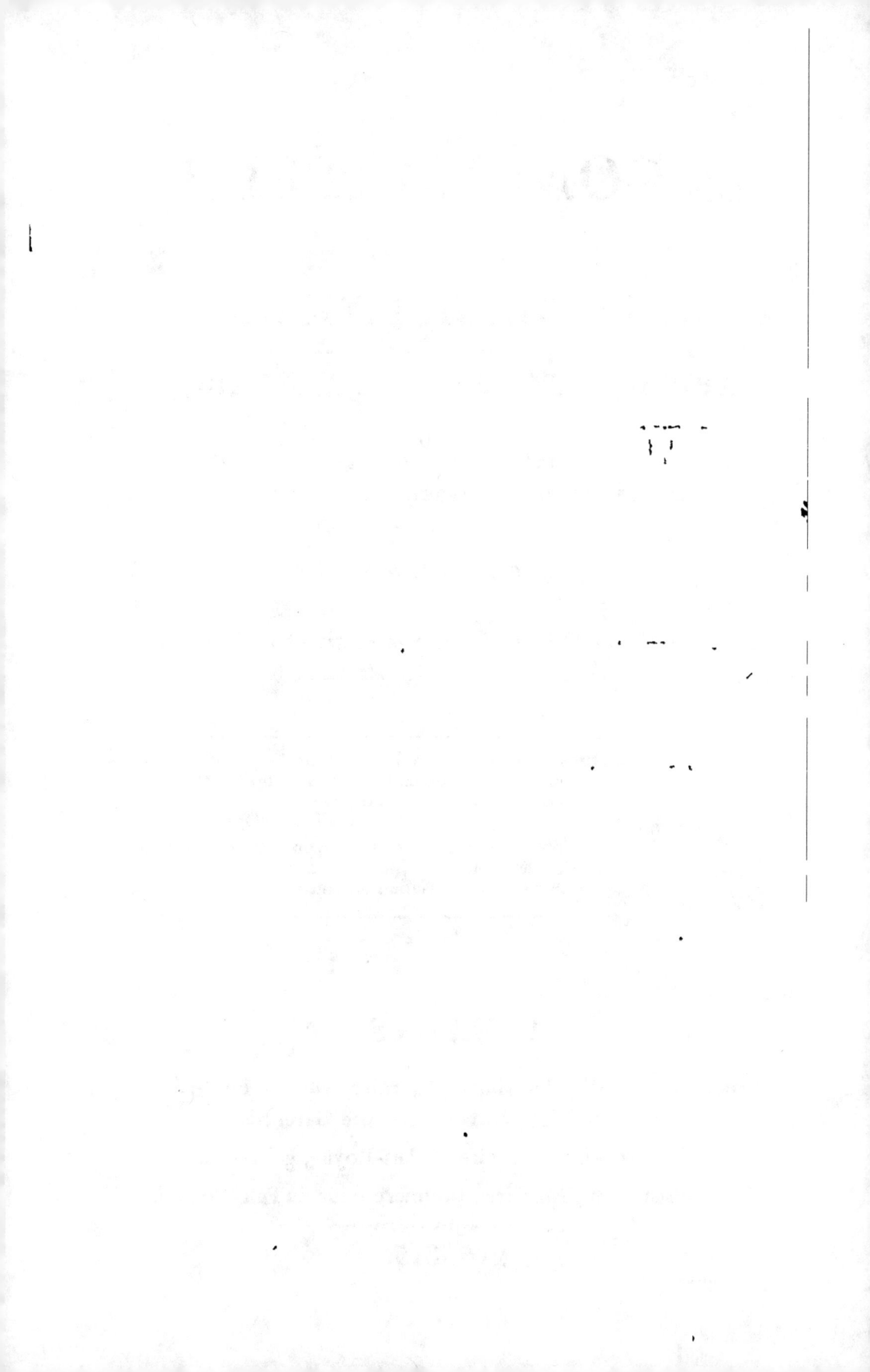

LE CONCILIATEUR

OU

LA SEPTIÈME ÉPOQUE,

APPEL A TOUS LES FRANÇAIS;

CONSIDÉRATIONS IMPARTIALES SUR LA SITUATION POLITIQUE,
ET SUR LES VRAIS INTÉRÊTS DE LA FRANCE,

A l'époque du 1er. mai 1815.

PAR UN FRANÇAIS, ami de la Patrie et de la Paix,
membre d'un Collége électoral.

QUAND on veut qu'un État soit de longue durée, il
convient d'intéresser toutes ses parties à sa conservation, et de la leur faire désirer.
Politique d'ARISTOTE.

L'ÉGALITÉ politique est un sentiment, un instinct, un beso'n
chez les Français. . Une coalition est toujours impuissante contre une Nation fortement unie....

A PARIS,

CHEZ L. COLAS, Imprimeur-Libraire, rue du Petit-Lion-
Saint-Sulpice, en face de la rue Garencière;

DELAUNAY, Libraire, Palais-Royal, galeries de bois;

PÉLICIER, Libraire, première cour du Palais-Royal.

MAI 1815.

TABLE DES CHAPITRES.

AVERTISSEMENT.

Paris, 6 mai 1815.

Aucun mobile étranger à l'amour de la vérité et de la Patrie n'a guidé ma plume; le sentiment profond du bien public m'a inspiré.

Quand la guerre civile et ses horreurs semblaient, il y a peu de jours, planer sur mon pays; quand la guerre étrangère paraît aujourd'hui menacer de nouveau notre territoire, j'ai voulu m'élever dans une région supérieure aux orages et aux passions. J'ai recueilli mon âme dans le silence, pour me rendre compte des véritables causes des divisions et des malheurs des Peuples, et de nos propres dangers.

Et cependant, la divergence des opinions tient seulement aux personnes et aux dynasties qui passent; jamais aux vrais principes de l'ordre social, qui restent, qui sont invariables, sur lesquels chacun est d'accord.

Nos intérêts, nos vœux, nos besoins sont communs. Pauvres ou riches, fonctionnaires publics ou simples citoyens; partisans de telle ou telle forme de Gouvernement; amis ou ennemis des Bourbons ou de Napoléon, par affection, par préjugé, par enthousiasme, par illusion, nous voulons tous une seule et même chose : notre liberté, notre tranquillité, nos droits garantis. Le partisan du despotisme le plus absolu ne veut pas plus que le républicain exalté être victime de l'arbitraire : le champion le plus fougueux de la liberté, s'il est de bonne foi avec lui-même, abhorre, autant qu'un royaliste prononcé, les excès de la licence et de l'anarchie, dont il serait nécessairement victime.

Ces vérités évidentes sont néanmoins méconnues ; il s'agit de se rallier autour d'elles, de finir une fois la révolution, de sortir du cercle vicieux dans lequel l'anarchie et le despotisme semblaient vouloir nous enfermer. Il s'agit surtout de défendre le sol sacré de la Patrie, d'écarter les baïonnettes étrangères, qui seraient homicides pour les Français de toutes les opinions, de tous les partis.

J'ai tâché d'évoquer les souvenirs instructifs du passé, de méditer avec fruit sur les élémens, variés à l'infini, dont le temps présent et les opinions contemporaines se composent ; j'ai osé fixer d'un regard inspiré l'avenir : je présente à mes Concitoyens et au

Gouvernement des vérités qui se rattachent à leurs plus chers intérêts. Si ces vérités sont complètement saisies, exactement appliquées, elles peuvent prévenir de nouvelles et immenses calamités; préserver la France et l'Europe des horreurs d'une nouvelle-guerre, plus dangereuse encore pour les Rois que pour les Peuples; favoriser enfin le développement de tous les genres de prospérité, dont notre belle et chère Patrie est susceptible.

J'ai trouvé superflu de placer mon nom à la tête de cet écrit : je n'appartiens à aucun parti, ni à aucun homme; mais à la France, à l'humanité. Si mes idées sont bonnes, elles doivent briller de leur propre lumière; si elles n'ont pas la force de se faire valoir par elles-mêmes, la pureté de mes intentions me rassure; ceux même qui ne verraient point notre situation des mêmes yeux que moi, approuveront mes sentimens, s'associeront à mes vœux, souhaiteront de partager mes espérances.

Français! il s'agit de fixer d'une manière durable et honorable nos destinées, si long-temps précaires et agitées; de nous mettre en état, par l'union intérieure et intime de nos sentimens, de nos volontés, de nos forces, de résister à la pression des États de l'Europe, qui voudraient nous attaquer, nous asservir, et détruire notre Patrie.

Napoléon! soyez l'homme de la Liberté publique, l'homme de l'opinion, l'homme du siècle: votre force est dans le Peuple; l'énergie, la modération, la franchise sont les élémens nécessaires de votre politique, et vos seuls moyens de salut. Il faut reconquérir la confiance de l'Europe, qui redoute encore votre ambition et vos armes. Entouré des Représentans d'une Grande Nation, vous allez acquérir un nouveau caractère et centupler votre force.

Rois de l'Europe! songez que l'Europe entière est en feu; ne soyez pas assez imprudens pour exciter l'incendie, qui vous dévorerait vous-mêmes, si vous attaquez une Nation qui veut être indépendante et libre. Voyez l'Espagne, dont cinq années d'une guerre opiniâtre n'ont pu dompter la résistance.

Si vous recommencez cette guerre, désormais sans motif, extravagante, impie, puisque la France ne songe point à vous attaquer ni à vous troubler, vos Peuples ouvriront les yeux; un bon sens instinctif les empêchera de servir long-temps vos passions. Dès lors, la crise devient universelle et décisive : elle atteint également les Rois, leurs États, les Nations, les individus, les destinées publiques et particulières. Le résultat ne saurait être la consommation d'un plan de domination et de tyrannie, qui entraînerait la ruine de l'Europe, même la vôtre ; car où serait votre salut, au milieu du naufrage universel ? Le résultat, au contraire, si vous ouvrez les yeux, si vos esprits et vos cœurs ne repoussent pas le sentiment de vos intérêts de gloire, de conservation, d'existence, peut devenir promptement la renaissance et la consolidation de la civilisation européenne, par le rétablissement de l'équilibre politique, par une grande fédération des Gouvernemens et des Peuples, par une paix générale, solidement garantie.

L'époque des grands dangers est celle où de grandes vérités peuvent se faire entendre. Aucun autre motif n'a dicté celles qui vont suivre, que l'évidence, l'urgence, l'étendue des périls, l'évidence des causes qui les ont produits, et des moyens qui peuvent les faire cesser. L'excès du mal doit en amener le remède et le terme.

Cet écrit est moins encore le fruit des réflexions et des méditations d'un simple particulier, observateur impartial, spectateur affligé des malheurs du monde, que l'expression franche, énergique, fidèle du sentiment public religieusement recueilli, de l'opinion de tous les hommes sages, sensés, amis de l'ordre et de la paix.

Méditons et appliquons ces trois vérités, proclamées par BACON :

On empêche la destruction d'une chose, en la ramenant à ses principes (a).

Celui qui dissimule, se prive de l'instrument le plus nécessaire pour l'action, de la confiance des autres (b).

La PATRIE *est un tout, dont nous ne sommes que les parties : la meilleure de ces parties, c'est celle qui ne se prend jamais pour le tout ; la pire est celle qui veut dominer, et qui, au lieu de se faire l'instrument de tout, veut faire, de ce tout, son instrument* (c).

(a) *De la dignité et de l'accroissement des Sciences*, livre 3, chap. 1.

(b) *Même ouvrage*, livre 6, chap. 3.

(c) Commentaires du *Novum organum*, liv. 2, chap. 2.

LE CONCILIATEUR,

OU

LA SEPTIÈME ÉPOQUE,

APPEL A TOUS LES FRANÇAIS.

~~~~~~

I. — *Coup d'œil rapide sur la révolution française.*
Six grandes époques manquées.

Il survient, dans la marche rapide des siècles, à quelques rares intervalles, et après de longues périodes de calamités, des époques décisives, mais promptes à s'évanouir. Ces époques peuvent devenir pleinement réparatrices, si la sagesse sait en profiter; elles ne tardent pas à développer des germes féconds de nouveaux malheurs, si des vues ambitieuses et personnelles s'en emparent, pour rendre aux élémens de désorganisation et de troubles, momentanément étouffés, leur malfaisante activité.

Une de ces Époques apparut, en 1789 et 1791, à la Nation française, qui embrassa d'abord les plus vastes espérances.

Louis XVI, qui avait marqué le commencement de son règne par l'abolition des corvées, par la suppression de la torture; qui avait accueilli les vues bienfaisantes de Turgot et de

Malesherbes pour améliorer peu à peu toutes les branches de l'administration publique, mais qui était imbu des préjugés de l'ancienne monarchie héréditaire, qui regardait la couronne comme son droit, la France comme sa propriété, l'autorité absolue comme un héritage qu'il devait transmettre intact à son successeur, laissa échapper l'occasion, si favorable, qui s'offrait à lui, d'être le restaurateur de la liberté publique, le fondateur d'une monarchie constitutionnelle et tempérée.

S'il avait eu à la fois une volonté franche et prononcée de faire le bien, une grande force de caractère, des vues d'ensemble et d'avenir; s'il avait su composer un ministère capable de guider le char de l'état dans une direction convenable aux vœux et aux besoins de la nation, au lieu d'avoir des ministres divisés et isolés, qui manquaient d'unité dans les vues, dans les projets, dans les moyens, et de fermeté dans l'exécution; il se serait mis à la tête du mouvement national, avec une noble confiance dans ses intentions et dans ses forces: il aurait comprimé ou prévenu les factions, et affermi son trône, en s'unissant de bonne foi aux députés du peuple, et en suivant la route que lui indiquaient les hommes sages et éclairés. Mais il ne sut apprécier ni sa position, ni son rôle, ni l'époque où il vivait, ni l'esprit, l'opinion, le caractère de la nation qu'il était appelé à gouverner. Il se livra, dans les momens les plus critiques, aux conseils opposés de ministres à vue courte et à petites passions : ces ministres ; abusant de son ignorance, de sa faiblesse; et des circonstances difficiles où il s'était lui-même placé, l'entraînaient tour à tour dans des directions contraires, et lui montraient toujours, dans chacun de leurs plans, l'intérêt de sa couronne et le maintien de son autorité.

Une guerre étrangère, imprudemment suscitée, vint exaspérer les esprits, inquiéter toutes les existences, compromettre l'intégrité même et l'indépendance de la patrie. Le roi, généralement accusé d'avoir provoqué cette guerre, expia le crime des princes, des conseillers et des ministres aveugles ou pervers, qui, après avoir creusé l'abîme sous ses pas, avaient presque tous disparu.

Beaucoup de Français avaient quitté leurs foyers : les uns, par de justes motifs de crainte, et pour se soustraire aux fureurs populaires, aux désordres, aux vengeances ; les autres, entraînés par d'imposans exemples, ou pour satisfaire à un préjugé qui leur paraissait imposé par l'honneur; d'autres enfin, dans des vues moins nobles, pour tenter au loin la fortune et les hasards ; ou dans des vues criminelles et atroces, pour exciter les gouvernemens étrangers à venir ravager et démembrer leur patrie. Ce crime de l'émigration, condamné par l'opinion, comme une double trahison envers la patrie et envers le roi, devint l'objet d'une législation sévère et même cruelle, qui consacra les confiscations et les proscriptions, qui répandit la désolation dans un grand nombre de familles, qui arma souvent les vengeances particulières du glaive des lois, et qui dut exercer sur le caractère national et sur la révolution une funeste influence.

L'immense majorité de la nation espérait encore que l'opposition aveugle et opiniâtre de quelques ennemis de ses droits, et l'esprit d'exagération d'un petit nombre d'hommes corrompus, avides de bouleversemens, ne réussiraient pas à détourner la révolution de sa direction première, qui tendait seulement à la réforme progressive des abus, à l'amélioration de l'administration publique, à l'organisation d'une monarchie, d'autant plus forte et puissante, qu'elle serait affermie et tempérée par les lois. Mais on vit dominer, à la faveur des troubles, une minorité active et ardente, composée d'hommes ambitieux, pleins d'audace, revêtus par leurs fonctions et par les circonstances de la guerre civile et étrangère, d'une dictature momentanée et absolue. La nation leur abandonna tous les soins et tous les pouvoirs du gouvernement, tandis qu'elle s'élançait toute entière, avec une noble unanimité, pour repousser une coalition formidable qui enveloppait et insultait déjà ses frontières.

Elle sera soumise à la postérité, seule compétente pour en bien juger, cette question délicate et importante : si les rois étrangers, qui prirent les armes, en apparence, pour sauver Louis XVI, en réalité, pour étouffer les principes de la révolution et de la liberté, ne contribuèrent pas, plus que toute autre cause, par l'inquiétude générale de la France menacée, à réunir contre le roi les suffrages d'un grand nombre d'hommes irrités, qui voyaient en lui le provocateur de la guerre et des dangers publics, à rendre ainsi sa perte plus inévitable et plus prompte, à donner plus d'énergie à l'explosion révolutionnaire, devenue nationale (1).

On pourra demander encore si l'émigration, autorisée ou secrètement favorisée par le roi, publiquement encouragée par ses frères, qui devint ensuite la principale source des accusations dirigées contre lui, ne fut pas une des causes premières du renversement du trône et des malheurs de la France, quoiqu'elle eût pu d'abord être inspirée par des sentimens et des motifs légitimes.

Il faut bien reproduire ici des questions souvent discutées, qui réveillent des souvenirs fâcheux, qu'on aurait désiré couvrir d'un voile épais ; car les premiers auteurs des maux publics, dont l'opiniâtre résistance au vœu national, qui proclamait l'abolition de leurs priviléges, a forcé la révolution de rompre toutes ses digues ; ces hommes, qui, revenus en France, après vingt-cinq ans d'exil, *sans avoir rien oublié ni rien appris*, ont voulu, dans ces derniers temps, faire revivre leurs antiques et absurdes prétentions, n'ont pas craint de s'ériger en accu-

---

(1) La même faute, commise aujourd'hui par les rois de l'Europe, pourrait entraîner pour eux de plus graves conséquences (*mai* 1815).

sateurs, quand tout les accusait. Leur égoïsme maladroit et insensé, leur incorrigible orgueil, leur misérable vanité, leur profonde ignorance de la situation des choses et de la disposition des esprits, leur volonté avide et impatiente de recouvrer des biens, vendus sous la garantie des lois, qu'ils avaient mérité de perdre, et dont la restitution ne pouvait désormais avoir lieu qu'en ébranlant toutes les fortunes, seront signalés comme les causes principales des nouvelles vicissitudes de la dynastie, à laquelle ils n'ont su faire aucun sacrifice. Sourds à la voix de leur patrie, aux intérêts de leur roi, ils seront responsables dans l'histoire des suites de leur extravagance et de leur obstination.

D'autres passions, non moins aveugles et violentes, quelquefois pures, nobles, généreuses, mais mal dirigées et entraînées dans de funestes écarts, qui ont appartenu à d'autres classes d'individus, et qui ont aussi produit d'immenses malheurs, doivent être également enveloppées de ce voile d'oubli, que les Français de tous les partis, de tous les rangs sont intéressés à ne point soulever. Les torts et les malheurs, les fautes, les châtimens ont été communs à tous : qu'une indulgence commune rétablisse l'union et l'esprit de famille. Que la seule considération de notre tranquillité actuelle et des moyens de la consolider rallie toutes les opinions, toutes les classes de citoyens, tous les vrais Français autour du gouvernement, qui doit nous défendre et nous sauver avec lui, et d'une constitution nationale ; destinée à consacrer et à garantir nos obligations, nos droits, nos libertés.

Il nous a suffi d'observer comment le torrent fougueux de la révolution entraîna, dans l'origine, le monarque et la monarchie, parce qu'il n'y avait point d'institution fondamentale pour les soutenir, ni de ministère organisé pour les défendre et les sauver.

Ainsi, la *Première Époque* si brillante et si favorable de la convocation des *États-Généraux*, de l'*Assemblée Constituante* et de la *Fédération nationale*, signalée par les élans les plus unanimes de l'enthousiasme et du dévouement patriotiques, fut promptement évanouie, et fit place aux longs orages qui ébranlèrent toutes les fortunes, agitèrent toutes les familles, renversèrent toutes les lois, et parurent menacer quelque temps l'édifice même de la civilisation.

Dans la *Seconde Époque* (en 1793 et 1794), marquée par l'apparition des divers *Gouvernemens révolutionnaires*, les dangers de la France qu'assiégeaient de toutes parts les ennemis extérieurs, la guerre civile de la Vendée, les horribles vengeances qui signalèrent les succès momentanés de ces cohortes catholiques et royales, armées pour rétablir les anciennes classes privilégiées, et pour remettre la nation entière sous le joug de la superstition et de la féodalité ; les représailles non moins cruelles qui furent exercées par les armées républicaines ; la nécessité de comprimer par la violence et la

terreur lès conspirations intérieures, partout multipliées et toujours renaissantes; enfin, l'exaltation
et l'aveugle fureur des partis ne permirent point
d'écouter la voix des hommes sages et le véritable
vœu de la nation. Le gouvernement ne connut
plus ni constitution, ni principes, ni règles, ni
mesure. Les mots imposans de *révolution* et de
liberté servirent à motiver et à justifier cette tyrannie populaire, dont les instrumens les plus
actifs devinrent tour à tour les victimes. Les élémens nécessaires de l'ordre social, la liberté, la
sûreté, la propriété n'eurent plus aucune garantie.
Toutes les espérances, manifestées dans les premiers
jours de la révolution, furent trompées, trahies et
détruites. Mais les gouvernemens révolutionnaires
surent du moins organiser et diriger des armées nationales, qui conservèrent intact le sol sacré de la
patrie; ils méritèrent, sous ce rapport, la confiance
et la reconnaissance du Peuple.

Une *Troisième Époque* offrit un point de ralliement et un port de salut. La *Constitution de l'an* 3
(en 1795) parut satisfaire au besoin public. La
volonté unanime réclamait un pouvoir exécutif
fortement organisé, un gouvernement représentatif, une liberté sagement réglée par les lois. Mais
les deux autorités premières, qui auraient dû prendre leur force et leur point d'appui dans le peuple,
ne s'étudièrent qu'à diviser les partis, par un faux
système de contre-poids et d'équilibre qui ne
donnait aucune consistance au gouvernement :

elles ne songèrent qu'à s'énerver l'une par l'autre.

Le Directoire écartait avec soin des élections tous les hommes qui avaient un caractère noble et prononcé : il ne voulait qu'un Corps législatif d'eunuques et de muets, instrumens dociles et aveugles. Ce Corps législatif, affaibli et mutilé, craignait à son tour de voir les rênes de l'état confiées à des mains fermes et énergiques : il n'appelait au Directoire que des hommes sans caractère et sans volonté.

Les vacillations, les fautes, la faiblesse, la nullité absolue des autorités amenèrent la chute des divers Directoires, et cette troisième époque fut encore manquée.

Un homme de génie et de caractère parut, précédé d'une immense gloire militaire. Il fixa la confiance du peuple et de l'armée ; le fantôme du Directoire s'évanouit devant lui (en 1799).

Quand l'histoire demandera l'explication de ce phénomène, l'élévation soudaine d'un général d'armée au rang de chef suprême d'un grand État, sans aucune contestation, et avec l'assentiment unanime, au moins en apparence, de tout un Peuple, on appréciera les circonstances dans lesquelles ce général est parvenu à l'autorité, en rappelant les questions qu'il a, pour ainsi dire, adressées à l'opinion publique.

1°. « N'étions-nous pas mal gouvernés »? et la France entière a répondu : Oui.

2°. « Ne faut-il pas un changement de gouver-

nement » ? une réponse affirmative a été le cri gé‑
néral.

3°. « Après les luttes des partis et les vicissitudes
de la révolution, une sorte de dictature n'est-elle
pas indispensable pour raffermir les destinées de la
France, pour poser sur des bases solides la liberté
publique » ? Tous les Français, les républicains
même les plus austères, ont répondu : Cela est vrai.

4°. « Cette dictature, dont vous sentez la néces‑
sité, ne doit-elle pas être confiée à un homme
d'un grand caractère, sorti des rangs français
et républicains, qui ait fait preuve de talent et de
génie, qui jouisse d'une haute confiance dans l'opi‑
nion des Français, d'une immense réputation chez les
nations étrangères; qui ait donné des garanties po‑
sitives, en défendant avec succès l'honneur des dra‑
peaux de la République; qui, étranger jusqu'à un
certain point à ses crises intérieures, ne lui appar‑
tienne que par la gloire et l'éclat des triomphes ob‑
tenus sur les ennemis du dehors » ? Un assentiment
unanime a servi de réponse (2).

_____

(2) Les quatre mêmes questions, adressées indirectement à
l'opinion publique, en mars 1815, et suivies des mêmes ré‑
ponses, donnent l'explication du nouveau phénomène, qu'a
présenté tout à coup à l'Europe étonnée le spectacle inattendu
de la chute soudaine des Bourbons, et du retour de Napoléon.
Celui-ci n'est évidemment remonté sur le trône qu'à l'aide de
l'opinion d'un Grand Peuple, qui a besoin d'une dynastie résolue à
sanctionner de bonne foi tous les principaux résultats de sa révo‑
lution. La même volonté nationale, en France, réclame, en 1815,

Mais l'opinion publique, toujours constante et fidèle, se rattachait au principe souvent proclamé d'une représentation nationale, divisée en deux chambres délibérant publiquement et permanentes, et d'une constitution solennellement discutée, consentie, adoptée par les représentans du peuple ; la constitution de l'an 8 (1799) parut répondre à ce vœu : elle fit espérer que la *Quatrième Époque* mettrait enfin un terme à la révolution et fixerait définitivement nos destinées. Le *Consulat* fut organisé sous les auspices de la victoire, qui bientôt amena la paix. La France alors pouvait s'élever au plus haut degré de prospérité; mais les jours de sagesse et de bonheur n'étaient pas arrivés; trop de passions mal éteintes fermentaient encore, et tour à tour inquiétaient ou irritaient l'autorité. Les institutions républicaines furent minées sourdement ; des promesses solennelles devinrent illusoires. L'opinion, fatiguée de secousses multipliées, crut pouvoir se reposer dans une monarchie tempérée. Les deux proclamations successives du Consulat à vie, accepté par la nation, et ensuite de l'Empire, furent accueillies comme les garanties d'un gouvernement stable, substitué à une dictature précaire et absolue.

La *Cinquième Époque* fut donc celle de l'*Empire*, qui se prolongea pendant dix années (de 1804 à

---

comme en 1789 et en 1800, une constitution libre, un chef constitutionnel, un gouvernement représentatif, la liberté, la sûreté, la tranquillité, garanties par les lois.

1814): Cette époque pouvait devenir décisive et réparatrice. Les vicissitudes et les infortunes prolongées avaient rapproché les opinions et réuni tous les vœux par le besoin commun et unanime du repos, sous la protection des lois. Le chef de l'état promit solennellement de donner et d'affermir ce repos tant désiré ; mais la nécessité de réprimer l'Angleterre et de résister à l'Europe ; l'ivresse et l'entraînement de ses propres succès l'empêchèrent de poser sur des bases durables une monarchie constitutionnelle, et de procurer une sage liberté à la Nation, qui fut elle-même détournée du but de ses concessions par la continuité de ses opérations militaires. Son génie et sa gloire même conspirèrent contre lui. Éloigné depuis long-temps des hommes énergiques et francs, qui auraient pu lui faire connaître la vérité, il fut entouré de misérables flatteurs, qui suivirent l'inspiration malfaisante de l'égoïsme, et qui lui montrèrent dans la puissance, non un moyen de faire le bien, mais un but unique et absolu.

La puissance n'est jamais un *but*, mais un *moyen*, dans les mains du chef de l'État : le but, c'est la prospérité de la patrie. Les gouvernemens qui ont méconnu cette vérité, par un contre-sens funeste à leurs intérêts, ont eux-mêmes énervé les élémens de leur force.

La France devint un instrument de conquête, lorsqu'elle pouvait être, par la modération et la sagesse, le modèle et l'arbitre de l'Europe.

Ainsi, furent de nouveau trompées et détruites

les espérances qui avaient encore ébloui les regards d'une nation toujours confiante et généreuse, intrépide et guerrière, trop prompte à embrasser des illusions séduisantes, et à se laisser abuser par de simples apparences.

L'armée française, invincible sur les champs de bataille, avait été vaincue par les élémens, abandonnée par ses alliés, trahie par quelques-uns de ses chefs. L'abdication de l'Empereur Napoléon, qui arrêta la continuation et les ravages de la guerre, fut suivie du rappel de Louis XVIII, réintégré par l'Angleterre ; et une *Sixième Époque* s'annonça pour la France.

Les citoyens et les militaires, également fatigués, acceptèrent à regret, et en courbant des fronts humiliés, les nouveaux Souverains que leur imposaient de prétendus alliés, qui s'érigeaient en maîtres. Les journaux officiels présentaient l'ivresse de quelques nobles émigrés, revenus avec le roi, et de quelques anciens nobles restés en France, comme un signe certain de l'enthousiasme général de la nation. Il faut cependant avouer que, si Louis XVIII, mieux instruit de la véritable situation des choses et de la disposition des esprits, eût voulu sincèrement se rattacher à la masse française, au lieu de sacrifier les intérêts de cette masse en faveur d'une faible fraction, composée d'anciens nobles, de prêtres, d'émigrés, de vendéens, de chouans, que sa famille et ses ministres protégeaient exclusivement, il aurait pu fonder une monarchie appropriée aux vœux, aux besoins et aux intérêts de tous les Français. Il devait alors se jeter franchement dans les bras de la nation, convoquer les colléges électoraux, faire nommer une véritable représentation pour remplacer les restes des deux corps qui croyaient représenter le peuple français. Il devait enfin fonder son autorité sur un pacte national, discuté et consenti par les deux chambres légalement constituées. Mais sa prétendue charte, concession royale tant vantée, produite sous la forme dérisoire d'une simple ordonnance, dépouillée même des formalités requises pour les lois ordinaires, ne pouvait inspirer aucune confiance durable, ni servir de point d'appui à l'autorité. Ce fantôme constitutionnel ne fut pas même respecté par les ministres d'un roi qui avait juré de le maintenir, et d'en faire la règle constante et invariable de sa conduite. Des atteintes sourdes, indirectes, continuelles, portées à la charte, par des actes ministériels, ne cessaient d'inquiéter les individus de toutes les classes dans leurs propriétés, leur réputation, leur honneur, leur liberté, leur sûreté, leur existence ; la nation fut encore déçue dans son attente ; et la *Sixième Époque* fut manquée, comme toutes celles qui avaient précédé. Nous reviendrons sur cette année du règne éphémère des Bourbons, pour signaler les fautes nombreuses qui ont accéléré leur expulsion, et pour montrer avec évidence qu'ils ne doivent imputer qu'à eux-mêmes les nouveaux malheurs qui les poursuivent.

II. *Des causes qui ont amené la dissolution du gouvernement des Bourbons.*

Quand Louis XVIII fut ramené en France par les armées étrangères, après une absence de plus de vingt années, si quelques conseillers, attachés à sa personne et à sa cause, voyant en lui l'instrument qui pouvait procurer à la France une tranquillité durable, avaient osé lui dire la vérité, ils auraient dû lui tenir à peu près ce langage :

« Deux classes d'hommes, qui ne peuvent qu'entraîner le gouvernement dans de fausses démarches, vont se presser autour du trône. Les uns, revenus avec la famille royale, ne sont pas en mesure d'être les organes fidèles de l'opinion. Ils confondent toujours la nation qu'ils ont connue, il y a vingt-cinq ans, avec la France retrempée dans la révolution, avec une génération formée par des institutions nouvelles. Quant aux hommes qui, après avoir servi l'Empereur, reparaîtront auprès du Roi, la plupart consulteront plus leurs intérêts que ceux du monarque et de l'État. Vils caméléons, bas courtisans, infâmes flatteurs, ils ne sauront que ramper, tromper et trahir.

» Les premiers seront eux-mêmes abusés par leurs illusions ; les seconds, intéressés et habitués à tout dissimuler, sont incapables d'offrir un bon conseil. L'affection loyale des uns sera peu éclairée ; l'expérience des autres et la connaissance qu'ils pourraient avoir de l'opinion, ne tourneront point au profit du Roi.

» La vérité, qu'il est si important au Roi de bien connaître, ne peut lui apparaître libre et austère, qu'autant qu'il aura fait un appel à la nation et retrempé la représentation nationale par de nouvelles élections, émanées du peuple. Il doit placer dans le ministère des hommes investis de la confiance publique, forts d'une longue expérience de la révolution, d'un caractère assez noble et prononcé pour éclairer le gouvernement sur ses vrais intérêts, pour lui exprimer le vœu de l'opinion publique, pour lui concilier le peuple et l'armée.

» Henri IV aurait été moins grand, s'il n'avait eu près de lui l'austère Sully, qui parlait avec une généreuse franchise à son Roi, et qui savait au besoin lui déplaire pour le mieux servir ».

Mais ni le Roi, ni les princes, n'étaient capables d'entendre un pareil langage et de supporter la vérité. Ils manquaient, d'ailleurs, d'une intention franche et loyale de se rattacher à la nation. Louis XVIII n'avait rien de la grande âme de Henri IV ; aucun des princes ni des seigneurs de la cour n'avait l'esprit élevé, le noble caractère, le dévouement absolu de Sully. Une race dégénérée croyait en imposer par la magie de quelques noms respectés : la gloire des ancêtres, maladroitement rappelée, n'en faisait que mieux ressortir la honte et la nullité de leurs faibles descendans. Traçons rapidement l'esquisse des nombreuses inepties qui ont signalé l'interrègne ; et qui en ont précipité le terme.

1. — *Forteresses livrées, avant le traité de paix ; gage d'une déférence servile à nos ennemis.* — La France voit arriver, au mois d'avril 1814, sous la protection des armées étrangères et ennemies, qui viennent de ravager son territoire, le frère de son nouveau Roi, Monsieur, Comte d'Artois, qui s'intitule fils de France, et lieutenant-général du royaume. Il commence par livrer environ soixante forteresses, occupées par de braves garnisons françaises, dont la conservation jusqu'à la conclusion d'un traité de paix pouvait seule garantir et procurer des conditions honorables. Tout le matériel de l'artillerie de ces places fortes est abandonné aux ennemis. Un acte honteux, signé le 23 avril, à Paris, replace tout à coup la France dans ses anciennes limites du 1er. janvier 1792, et paraît annuler, d'un trait de plume, vingt-deux années de combats, d'efforts héroïques, de sacrifices, de victoires, qui avaient eu pour but l'indépendance de la patrie. Ainsi, le prétendu *fils de France* n'a reparu dans la capitale, après sa longue émigration, que pour se montrer le vassal des étrangers, l'ennemi de l'honneur français ; pour trahir en un jour la nation et l'armée. L'opinion s'éloigne de lui, désavoue, condamne et flétrit son infâme concession.

2. — *Traité de paix humiliant ; frontières naturelles lâchement sacrifiées.* — Quelques mois après,

le Roi, enchaîné par cette première convention, contre laquelle il aurait dû protester avec énergie, signe un traité de paix humiliant, qui prive définitivement la France de ses limites du Rhin et des Alpes, reconnues jusqu'alors naturelles et nécessaires, glorieusement acquises, depuis vingt années, consacrées par une longue possession, consenties et confirmées dans divers traités avec les puissances de l'Europe. Il paraît abjurer lui-même les conquêtes faites en son absence, comme nulles et de nul effet; il ne veut que l'ancienne France, dans laquelle il croit rentrer, comme un propriétaire dans son domaine. *Les Bourbons sont revenus chez eux, et non chez nous :* telle est la véritable cause de leur expulsion. Tous les Français, militaires et citoyens, n'ont pu voir qu'avec un sentiment profond d'humiliation, avec une indignation qu'ils avaient peine à contenir, l'abandon des provinces conquises au prix de leur sang, obtenues par d'immenses sacrifices, nécessaires pour compenser l'agrandissement de plusieurs autres États. Les habitans de ces provinces, devenus Français par les habitudes, les relations, les affections, gémissent de se voir rejetés de la grande famille, et correspondent par leurs regrets à la douleur générale.

3. — *Cocarde blanche, signe de l'émigration et des guerres civiles, substituée à la cocarde tricolore et nationale.* — La cocarde blanche, portée par Monsieur et par le Roi, devenue tout à coup la

cocarde française, malgré les réclamations du sénat, exprimées dans un acte formel et dans plusieurs messages, blesse et révolte à la fois la nation et l'armée, en réveillant le souvenir des guerres civiles. Une sage politique aurait dù prescrire aux Bourbons d'associer franchement à leurs antiques lis les trois couleurs nationales, adoptées par Louis XVI, consacrées par vingt-cinq années de victoires, respectées par l'Europe, signe de ralliement des militaires et de tous les hommes de la révolution. Les signes ont une puissante influence sur la multitude et sur les individus. Méconnaître et mépriser cette influence, c'était donner une preuve d'ignorance et d'ineptie, de mépris de l'opinion, d'incapacité politique. Préférer le signe de l'émigration, proscrit par l'opinion et par les lois, au signe de la liberté, à la cocarde tricolore, seule connue de la génération actuelle; c'était se présenter comme le chef d'une minorité factieuse, non comme le père et le roi de la nation.

4. — *Dix-neuvième et vingtième années de règne ; formule dérisoire, injurieuse au peuple français et aux puissances étrangères.* — La formule dérisoire de la dix-neuvième et de la vingtième année du règne, apposée au bas des actes royaux, n'accuse pas moins la nullité profonde et absolue des Bourbons et de leurs adhérens, que la conduite de la nation, déclarée indirectement rebelle, pendant

tout le cours de la révolution. Cette formule tend à frapper d'anathème tout ce qui a été fait depuis vingt ans, dans l'intérieur et dans les armées. Elle est une insulte aux puissances, qui ont reconnu dans ce long intervalle plusieurs autres gouvernemens en France. C'est une petitesse inspirée par la vanité, une maladresse gratuite, une imposture inutile et grossière, mais surtout un véritable outrage, qui blesse tous les amours-propres, qui attaque la gloire française, qui aliène la nation du Roi.

5. — *Légitimité prétendue, par droit d'hérédité et de propriété; insulte à la nation.* — L'affectation orgueilleuse de rappeler sans cesse la prétendue *légitimité* des Bourbons, constituait la nation et l'armée en état de révolte, tant qu'elles avaient reconnu d'autres gouvernemens que le leur.

Le Duc d'Angoulême avait eu l'imprudence de déclarer, comme Grand Amiral, que les services d'un officier français émigré, employé dans la marine anglaise et contre sa patrie, étaient bons et valables; tandis qu'à ses yeux, et dans l'opinion de sa famille, les militaires restés en France avaient servi contre leurs princes légitimes, dans des armées rebelles, sous les drapeaux d'un usurpateur. — De tels Princes, avec de tels sentimens et d'aussi étranges discours, ne pouvaient conserver long-temps l'autorité chez une nation qu'ils cherchaient

à déshonorer, et dont l'instinct unanime les repoussait comme des ennemis (3).

6. — *Roi de France et de Navarre, par la grâce
de Dieu : formule gothique et ridicule, substituée
au titre de Roi des Français ; prétendu droit divin
de la monarchie, substitué au droit constitutionnel
et national.* — L'ancienne formule *Roi de France
et de Navarre*, et *par la grâce de Dieu* (grâce res-
tée inactive depuis vingt ans), cette formule, ridi-
culement placée à la tête des ordonnances royales
et de tous les actes du gouvernement, est venue
confirmer encore l'opinion que les Bourbons rap-
portaient avec eux toutes leurs anciennes idées,
tous leurs préjugés, toutes leurs prétentions, sans
vouloir transiger avec les opinions et les institutions nouvelles, et qu'ils se plaçaient déjà, par
toutes les expressions favorites qu'ils aimaient à
reproduire, en deçà même de l'époque de 1789.
Un roi sage et habile devait, au contraire, rappeler, consacrer et consolider la monarchie constitutionnelle de 1791, sauf les modifications convenables. Louis XVIII ne pouvait faire oublier les

---

(3) On pourrait citer, à l'appui de ce passage, beaucoup de
faits particuliers et de mots caractéristiques, recueillis à la cour
de Louis XVIII et des princes. Dans des temps plus tranquilles,
ces anecdotes et ces discours contribueront à mettre à nu leur
hypocris   à dévoiler leur projet commun d'enchaîner et
d'a   υτ... natio   en foulant aux pieds toutes les lois, et
d'   aniser peu à   le despotisme le plus absolu.

circonstances fâcheuses qui accompagnaient son retour, qu'en se déclarant, comme l'avait fait Louis XVI, mais de meilleure foi, avec plus de loyauté et de fermeté, le restaurateur et le conservateur de la liberté publique. L'alliance du trône et de la liberté pouvait seule donner à la monarchie une base solide, une garantie, un point d'appui dans l'opinion et dans la volonté nationales. Mais les Bourbons n'ont point connu ni même soupçonné leur position, ni l'esprit et les sentimens du peuple qu'ils étaient appelés à gouverner.

7. — *Constitution libre, solennellement promise, changée en une prétendue Charte constitutionnelle, octroyée par le Roi, qui n'est elle-même qu'une simple Ordonnance de réformation. — Refus de faire prêter serment d'obéissance à la charte. —* Le refus d'adopter ou de soumettre à une discussion libre et solennelle le projet de constitution du sénat, l'appareil mystérieux de la séance royale du 4 juin, la présentation d'une *ordonnance de réformation*, appelée *charte constitutionnelle*, donnée et *octroyée* par le monarque, et dès lors nécessairement révocable et précaire, non discutée ni consentie par les vrais représentans du Peuple, ont prouvé avec évidence que le roi ne voulait point s'unir à la nation et ne faire qu'un avec elle. La charte n'a pu offrir aucune garantie aux citoyens, aucun moyen de force au gouvernement. Les royalistes eux-mêmes la tournaient en dérision dans

leurs cercles, en la figurant par un morceau de papier qu'ils déchiraient et jetaient au feu. C'était un signe convenu.

La proposition d'obliger les fonctionnaires publics à prêter le serment d'observer fidèlement cette charte n'a pas même pu être accueillie dans la chambre des pairs, et a fait connaître l'intention d'annuler plus tard cette concession momentanée. La plupart des ordonnances royales et des actes ministériels ont offert des violations multipliées de la prétendue charte, objet de dérision et de mépris pour les princes, leurs courtisans et les ministres.

8. — *Expulsion arbitraire d'anciens Sénateurs, généralement estimés.* — L'expulsion arbitraire, illégale, injuste, d'un certain nombre d'anciens sénateurs, connus en général par un caractère noble, énergique, prononcé; dont quelques-uns avaient encouru la disgrâce du précédent gouvernement, avait prouvé l'intention formelle d'employer les hommes vils et les flatteurs, plutôt que les hommes libres, amis de la patrie, capables de dire la vérité. Avoir défendu avec courage les intérêts et les droits du peuple dans le sénat, auquel succédait une chambre des pairs nommée par le roi, en vertu de son ordonnance, était un titre d'exclusion et de proscription.

9. — *Conservation d'un vain fantôme de représentation nationale, dans les restes de l'ancien Corps Législatif.*—La conservation des restes d'un

Corps Législatif énervé, dont les pouvoirs étaient en partie expirés, n'avait offert qu'un simulacre trompeur, un vain et impuissant fantôme de représentation nationale. La cour et les princes avaient craint d'appeler une assemblée de véritables délégués de la nation, de constituer immédiatement un corps représentatif émané du peuple, associé à l'exercice de la souveraine puissance. Le gouvernement, resté solitaire, ne donnait aucune base à ses propres institutions : en croyant tromper le peuple, il se trahissait lui-même et préparait sa chute.

10. — *Mauvais choix des Ministres; esprit anti-constitutionnel et anti-national des actes ministériels.* — Les choix des ministres n'ont présenté aucune garantie, et n'ont placé dans les conseils du roi que des hommes, en partie étrangers les uns aux autres, plus étrangers encore à la nation, absolument incapables d'inspirer de la confiance et de marcher dans le sens de l'opinion; sans considération personnelle, sans vues politiques, sans bonne foi, sans énergie, sans esprit d'ensemble pour combiner leurs opérations. Le Roi s'est mis dans l'impossibilité de connaître la vérité, et de suivre la ligne qu'une saine politique et ses intérêts bien entendus auraient dû lui tracer. Quelques individus ont eu le titre de Ministres; mais il n'y a point eu de *ministère* dirigé par un même esprit, ni de *gouvernement*, dans le vrai sens de ce mot. Les événe-

nemens l'ont prouvé (4). L'écueil ordinaire des gouvernans et la cause de leur ruine, est de ne savoir presque jamais discerner ceux qui les servent le mieux.

11.—*Entourage, conduite et discours du Comte d'Artois et des Princes.*—L'affectation du Comte d'Artois, frère du Roi, de ne s'entourer, dans ses voyages, entrepris pour concilier à sa famille l'affection et la confiance du peuple, que des anciens compagnons de son émigration ; de parcourir toute la France, sans avoir avec lui un seul général qui eût servi dans les armées françaises, ni un seul fonctionnaire qui eût pris quelque part à l'administration, depuis vingt-cinq ans ; le silence impolitique et obstiné de *S. A. R.* sur la Charte Constitutionnelle, dans toutes ses réponses aux autorités militaires, civiles, administratives, judiciaires, municipales ; la même circonspection et le même silence observés par les Ducs d'Angoulême et de Berry, dans

---

(4) On peut consulter un excellent article, inséré dans le *Journal de Paris* (N°. du 1er. avril 1815), qui a pour titre : *Des Ministres sous le dernier Gouvernement.* L'auteur se demande s'il a jamais existé une aggrégation d'hommes d'une ignorance, d'une ineptie, d'une sottise plus consommées ; il répond à cette question par l'analyse rapide et raisonnée des fautes sans nombre qui ont caractérisé tous les principaux actes et la politique sourde, ténébreuse, hypocrite des ministres à têtes étroites, à préjugés gothiques, dont Louis XVIII s'était environné.

leurs excursions sur plusieurs points de la France, et dans leurs communications officielles avec tous les fonctionnaires publics, confirmaient le soupçon, généralement répandu, que les Princes ni même le Roi ne voulaient point observer ni maintenir cette charte; elle n'était pour eux qu'un acte transitoire, commandé par les circonstances, et leur paraissait une atteinte aux prérogatives du trône. Depuis, un journal anglais a fait mention d'une protestation formelle de Monsieur et des Princes contre la Charte constitutionnelle.

12.—*Formation de la Maison militaire du Roi. Exclusion de l'ancienne Garde Impériale.*—Une maison militaire du roi, formée en partie de troupes suisses et étrangères, revêtue d'uniformes nouveaux, dont l'éclat contrastait avec la simplicité des anciens défenseurs de la patrie, avait remplacé tout à coup cette vieille garde impériale, l'élite de nos armées, composée d'intrépides militaires, couverts de nobles blessures. C'est à l'époque où le roi, par des vues d'économie mesquines et impolitiques, repousse des armées un grand nombre de vieux soldats, dont la valeur a conservé nos provinces et son royaume, qu'il prend à sa solde et emploie pour sa garde des militaires étrangers, quelques nobles émigrés, quelques militaires imberbes, sans services, sans titres réels à la bienveillance d'un prince qui aurait voulu se montrer le père de là nation et de l'armée.

13. — *Formation des Maisons Civiles du Roi et*

des Princes. — Les maisons civiles du Roi et des Princes sont exclusivement choisies dans cette minorité privilégiée, à laquelle un système, aussi absurde qu'impolitique et injuste, sacrifie la masse entière de la nation.

14. — *École royale militaire, affectée, comme en 1750, à la fidèle noblesse.* — Une ordonnance sur l'école militaire, qui en rappelle une autre de l'an 1750, paraît destiner spécialement cette institution à *notre fidèle noblesse*; c'est-à-dire, en termes clairs et précis, aux anciens nobles émigrés, qui ont dépouillé tout sentiment français, et qui ont porté constamment les armes contre leurs concitoyens. On reproduit un préjugé injuste et odieux; on exclut indirectement les enfans de toutes les familles plébéiennes qui, depuis vingt-cinq ans, ont fourni tant d'illustres défenseurs à la patrie.

15. — *Ancienne Noblesse, envoyée seule en ambassade dans les cours étrangères.* — Cette fidèle noblesse est seule appelée aux ambassades; par une singularité remarquable, la France se trouve représentée, dans toutes les cours de l'Europe, par d'anciens nobles, fugitifs ou proscrits, qui n'ont pas habité depuis vingt ans le territoire français, qui sont totalement étrangers à la nation, à son esprit, à son caractère, à ses institutions, à ses mœurs, à ses lois, qui se sont montrés ses ennemis les plus acharnés.

16.—*Acquéreurs de biens nationaux, inquiétés et menacés : violation de l'article 9 de la charte.* —C'est en faveur de ces nobles privilégiés, de ce *peuple des émigrés*, déclarés seuls bons Français, qu'on inquiète journellement l'immense majorité des citoyens, attaqués tour à tour dans leurs personnes ou dans leurs propriétés.

Un discours solennel du comte Ferrand, Ministre d'État, dans la Chambre des Députés; plusieurs motions indiscrètes échappées à de vieux émigrés, dans la Chambre des Pairs; les écrits faiblement désavoués des avocats *Dard* et *Falconnet* contre les acquéreurs de biens nationaux; un grand nombre d'articles de journaux officiels, envoyés gratuitement par des ministères à des royalistes connus; la destitution provoquée par le Chancelier de France de quelques procureurs du roi et d'autres fonctionnaires, dont le seul crime était d'avoir acheté des biens nationaux, ou d'avoir seulement cautionné des acquéreurs de ces biens, ont jeté l'épouvante dans plus de cinq millions de familles, et ont ébranlé l'un des articles les plus importans de la charte. « Toutes les propriétés, dit l'article 9, » sont inviolables; sans aucune exception de celles » qu'on appelle nationales, la loi ne mettant aucu- » ne différence entr'elles ». Cette déclaration positive, annulée par de continuelles infractions, ne pouvait plus rassurer personne. La propriété, base essentielle de l'ordre social, n'avait plus de garantie.

17. — *Opinions et votes des hommes de la révolution, rappelés comme titres de proscription :
violation de l'article* 11 *de la charte.* — Plusieurs
libelles diffamatoires, entr'autres une Biographie
des hommes qui ont marqué dans la révolution, où
sont reproduites les pages calomnieuses de quelques
milliers de pamphlets contre plus de quinze cents
fonctionnaires, publiée sous les auspices du roi, avec
l'approbation formelle d'un Duc et Pair, premier
gentilhomme de la chambre, ont été une infraction ouverte et avouée, scandaleusement officielle,
de l'article 11, qui commande expressément aux
tribunaux et aux citoyens l'oubli si nécessaire du
passé, et qui défend toutes recherches des opinions
et des votes émis jusqu'à la restauration. La
famille royale et les émigrés n'avaient pas eu la
conscience de cette vérité, dont l'évidence aurait
dû les frapper, qu'ils étaient plus intéressés que
toutes les autres classes de citoyens, à ce que le
passé fût couvert d'un voile épais d'indulgence et
d'oubli.

18. — *Démissions forcées. Esprit de réaction et de
contre-révolution, dans tous les actes du gouvernement.* — On éloignait des administrations publiques, des préfectures, des tribunaux, des municipalités, d'après des ordres secrets, par des destitutions formelles, ou par des démissions obligées,
tous les individus qui avaient pris une part plus
ou moins active à la révolution, ou qui professaient

les idées libérales que la charte elle-même avait consacrées. Partout les flatteurs, les hommes vils, rampans, corrompus, étaient ménagés et récompensés. Les hommes énergiques, purs, nobles, francs, amis de la patrie et du roi, étaient repoussés, calomniés, persécutés, proscrits. Les souvenirs imprudemment reproduits, qui semblaient toujours exciter des vengeances, l'ancien régime évoqué de toutes les manières, le rétablissement de la dîme présenté comme le vœu des habitans des campagnes, dans une brochure secrètement répandue, les prédications forcénées de quelques prêtres, les arrière-pensées, échappées aux ministres et aux agens de l'autorité, ou publiquement révélées dans plusieurs écrits semi-officiels, altéraient, chaque jour, les sentimens de confiance et d'affection que la famille royale et les ministres auraient eu besoin d'inspirer, et les séparaient entièrement de la nation.

Un esprit de réaction sourde et générale, manifesté dans tous les actes du gouvernement, qui indiquait, dans les détails et dans l'ensemble, une marche, continue, tortueuse, jésuitique, mais rapidement rétrograde, vers les institutions et les abus de l'ancien despotisme, et qui présageait une contre-révolution complète et absolue, inquiétait peu à peu toutes les existences et ne laissait aucune sécurité pour l'avenir.

19. — *Liberté de la presse détruite, au mépris de l'article 8 de la charte.* — Ces attaques multi-

pliées des personnes, des propriétés, des opinions, auraient pu être repoussées avec succès, si la liberté de la presse, également garantie par l'article 8 de la Charte Constitutionnelle, eût réellement existé. La presse libre pouvait à la fois défendre les droits des citoyens, assurer le maintien de la charte, éclairer les fautes du gouvernement, lui servir de flambeau, le mettre en rapport avec l'opinion, le préserver de sa chute. Mais les indignes manœuvres par lesquelles un ministre avait soutenu et fait adopter une loi répressive, et à peu près destructive de la liberté de la presse, au mépris de la charte qui la consacrait, avaient mis dans une plus grande évidence la faiblesse et la mauvaise foi du gouvernement. Le Roi et ses ministres craignaient la libre et entière manifestation des opinions ; ils croyaient nécessaire de repousser et d'étouffer la vérité. Ils n'avaient pu se persuader que la liberté de la presse, seule propre à dissiper les nuages épais qui leur cachaient la véritable opinion publique, était une sauve-garde essentielle pour le gouvernement, plus encore que pour le peuple.

20. — *Droits réunis conservés, malgré la promesse donnée de les supprimer.* — L'abolition des droits réunis, solennellement promise, et non effectuée, a fourni une nouvelle preuve qu'on ne pouvait prendre aucune confiance dans les promesses des Bourbons, et que d'autres engagemens, plus

positifs et plus sacrés, ne seraient pas mieux respectés.

21. — *Droits illégaux établis par de simples Ordonnances royales; violations de l'article 48 de la Charte.* — Plusieurs droits illégaux, établis par de simples ordonnances royales, pour des lettres de naturalisation, pour des provisions de juges, pour des brevets de titres nobiliaires, pour des entrées et des sorties de marchandises, ont porté une atteinte formelle à l'article 48 de la charte, qui déclarait « qu'aucun impôt ne pouvait être établi ni perçu, s'il n'avait été consenti par les deux chambres et sanctionné par le Roi ».

22. — *Liberté des cultes violée ; infraction à l'article 6.* — L'article 6, portant que *chacun professe sa religion, avec une égale liberté, et obtient pour son culte la même protection*, avait été violé, par l'ordonnance de police sur les dimanches, rendue au mépris de la liberté des cultes, et du libre exercice de l'industrie ; par l'injuste privilége qui exemptait les séminaires des droits exigés de tous les autres établissemens d'éducation ; par le refus indécent et impuni de recevoir dans le lieu saint les dépouilles mortelles d'une actrice célèbre.

23. — *Influence donnée aux Prêtres sur la direction de l'Instruction Publique.* — Le même système, favorable aux prêtres, leur faisait accorder peu à peu la plus grande influence sur la direction de

l'instruction publique, et en avait fait appeler un grand nombre dans le nouveau conseil de l'université ; cette institution, fondée par une loi, venait d'être annulée par une ordonnance ; en même temps', des recherches inquisitoriales étaient dirigées contre tous les ecclésiastiques mariés pendant la ✝volution, qui se voyaient dénoncés, tourmentés, privés de leurs emplois, attaqués dans l'existence civile de leurs enfans.

24.—*Cour de cassation, changée par une Ordonnance ; violation de l'article* 59. — Les articles 58 et 59, relatifs à l'inamovibilité des juges, et à la conservation des cours et des tribunaux ordinaires existans ; auxquels il ne devait être rien changé qu'en vertu d'une loi, ont été déchirés par l'ordonnance qui constituait la Cour de cassation.

25. — *Services et actes expiatoires, injurieux à la Nation, déclarée coupable de régicide.* — Les services commémoratifs du 21 janvier, les actes expiatoires prodigués avec affectation, le monument de vengeance et de haine, dont l'érection était ordonnée et commencée sur la place de la Concorde, ne pouvaient que blesser une nation généralement éclairée, très-délicate et susceptible dans tout ce qui tient à son honneur.

26. — *Association catholique et royale secrète, dirigée par le grand aumônier, avec l'approbation du Roi.* — Le prospectus imprimé, mais distribué

avec précaution, d'une association autorisée par le
Roi, présidée par son Grand Aumônier, qui devait
envoyer dans toutes les provinces des missionnaires
chargés de rallier les défenseurs du trône et de l'au-
tel, et de raviver l'ancien esprit public, révélait une
partie des vues ultérieures du gouvernement.

27. — *Avilissement et dissolution des Chambres
législatives, à l'époque où il importait le plus au
Roi de s'unir à elles, pour se rattacher la nation.*
— Pendant qu'on attaquait ainsi la nation entière
dans son honneur, dans ses opinions, dans ses institutions; les acquéreurs de biens nationaux dans
leurs propriétés; les hommes de la révolution et un
grand nombre de fonctionnaires publics, dans leur
réputation, dans leurs emplois, dans leur existence
civile; les écrivains dans l'exercice du droit de mani-
fester leurs pensées; les tribunaux dans leur organisation indépendante, placée sous la garantie des lois;
les classes inférieures du peuple, les agriculteurs, les
marchands, les artisans, par le maintien d'impôts
oppressifs et odieux : on attaquait sourdement la
représentation nationale, par des moyens infâmes
de séduction et de corruption, employés pour détourner les députés du peuple de leurs devoirs, et
pour en faire de vils instrumens des ministres; on
prononçait la dissolution des Chambres Législatives,
par une mesure impolitique, qui annonçait assez
l'intention du roi de s'en débarrasser, à l'époque
même où des lois importantes et urgentes sur la res-

ponsabilité des ministres, sur le droit de pétition, sur la légion d'honneur, sur les tribunaux, sur la cour de cassation, sur le mode des élections, allaient être proposées et discutées.

28. — *Violation de l'article 69 de la Charte, qui garantit les droits des militaires en activité de service; esprit de l'armée calomnié.* — Mais c'était surtout contre les généreux défenseurs de la patrie, contre ces braves armées qui avaient défendu l'indépendance de la nation et l'intégrité de son territoire, qu'agissait sourdement la haine mal dissimulée des Bourbons et de leurs partisans. L'article 69 de la charte, qui garantissait aux militaires en activité de service, aux officiers et soldats en retraite et pensionnés, la conservation de leurs grades, honneurs et pensions, avait été violé avec impudence. On avait d'abord sacrifié les portions de territoire acquis au prix de leur sang; on les avait blessés dans leur honneur; on travaillait à flétrir leur gloire; on allait jusqu'à les calomnier dans leurs affections les plus pures, en les accusant d'être les ennemis les plus dangereux de la patrie. Un écrit, émané du ministère de l'intérieur, sur la nécessité de soumettre la presse au joug d'une censure, renfermait ce passage remarquable, qui attestait l'esprit du gouvernement envers l'armée : « Où sont les symptômes d'une vigueur qui commence à renaître? est-ce dans cet esprit militaire, fondé sur l'égoïsme individuel, et qui ne se manifeste plus

que par son opposition à tout ce que demande le bien public; dans cet esprit qui servit à opprimer la France, et qui ne sert plus qu'à l'agiter (5) » ? Ainsi, les émigrés formaient seuls la partie pure et honorable de la nation; nos braves armées n'en étaient plus qu'une portion factieuse et criminelle.

29. — *Violation de l'article 72 de la Charte, concernant la Légion d'honneur.* — Au mépris de l'article 72, qui maintenait la légion d'honneur, cette légion, le sanctuaire des braves, avait perdu sa plus noble prérogative, l'admission de ses membres dans les Colléges électoraux et la garantie de leurs droits politiques. La décoration de l'honneur avait été prodiguée aux Français traîtres et parricides, qui avaient constamment porté les armes contre la patrie. Le nouveau Chancelier de l'ordre était choisi dans leurs rangs.

30. — *Maison d'éducation d'Écouen supprimée; maisons des jeunes orphelines, menacées de suppression.* — L'institution d'Écouen, où trois cents jeunes filles de militaires et de fonctionnaires publics étaient élevées, sous les auspices du Gouvernement Impérial, avait été dissoute. Les maisons hospitalières, ouvertes aux jeunes orphelines dont les pères avaient succombé dans les combats, n'avaient

_____

(5) *De la Liberté de la presse et des lois répressives.* Paris, 1814, pag. 9.

pas même été respectées. Lé sentiment d'une indignation généreuse et patriotique, publiquement
manifesté, avait seul forcé d'ajourner leur entière
suppression.

31. — *Commandemens supérieurs donnés à des
chefs de Chouans.* — Des officiers émigrés, des
chefs de Vendéens et de Chouans, des sicaires
connus par des assassinats et des crimes, étaient
appelés à des commandemens supérieurs. Des
moyens infâmes de corruption étaient employés
pour acheter le dévouement servile de quelques
chefs de l'armée. Les généraux et les officiers les
plus estimables étaient délaissés et sacrifiés.

32. — *Monument de Quiberon, outrage aux
armées françaises.* — Le monument de Quiberon,
consacré par une imprudence inouïe, par une audace
criminelle, aux mânes de quelques Français jetés
et abandonnés par les Anglais sur nos rivages, pour
y rallumer la guerre civile, avait été un outrage
public et sanglant à des milliers de héros morts
pour la patrie, et à nos armées nationales, qui
gémissaient d'avoir vainement défendu et conservé,
au prix de leur sang, l'existence politique et indépendante de la France, devenue la proie d'une race
ennemie de sa liberté et de sa gloire.

33. — *Récompenses publiques à des chefs de
Chouans; insulte aux défenseurs de la patrie.*—Des
récompenses publiques, décernées à des Chouans,

à des voleurs de diligences, à des chefs de bandes d'assassins commissionnés, qui avaient infesté la Bretagne, excitaient dans cette partie de la France une indignation générale, qui s'était manifestée par un soulèvement, dont les journaux avaient eu défense de faire connaître la nature, les causes, les circonstances et les résultats.

34. — *Invalides chassés de leur asile.* — Une parcimonie barbare vint porter la désolation dans l'asile ouvert par la patrie aux militaires blessés dans les combats. Plus de mille soldats mutilés, devenus, par le traité de Paris, étrangers à la France, pour laquelle ils avaient prodigué leur sang, et dont la reconnaissance et l'honneur national ordonnaient de protéger l'existence, durent être renvoyés de l'hôtel des invalides, et placés dans l'affreuse nécessité d'aller mendier la pitié des Princes qu'ils avaient combattus. Quinze cents invalides, renvoyés dans leurs foyers, furent réduits à une modique pension. La suppression des deux succursales d'Arras et d'Avignon fut proposée : l'indignation des vieux militaires, et des sollicitations pressantes, dont on craignit la publicité, forcèrent le gouvernement à modifier ces mesures, qu'on avait préparées dans l'ombre, pour les soustraire à la connaissance de la nation et de l'armée.

35. — *Cession du Duché de Bouillon.* — La cession du Duché de Bouillon, enveloppée d'un voile mystérieux, et qu'on avait craint d'avouer publi-

quement, avait été une atteinte à l'intégrité du territoire français.

36. — *Traite des noirs maintenue.* — Le refus d'abolir la traite des noirs, malgré le vœu prononcé des philosophes éclairés et de l'opinion publique, avait offert une violation scandaleuse des droits sacrés de l'humanité.

37. — *Institut National de France, attaqué dans son organisation, dans ses membres, et dans le principe de sa majestueuse unité.* — L'Institut National lui-même, l'un des monumens de la gloire française, qui a mérité l'estime et l'admiration de l'Europe savante, fut attaqué dans son organisation et dans ses membres. L'esprit de réaction et de vandalisme qui inspirait tous les actes du gouvernement, lui fit voir d'un œil jaloux cette belle création qui réalise et personnifie, en quelque sorte, la conception encyclopédique de Bacon, la communauté des lettres, des sciences et des arts réunis dans la même enceinte pour former une seule famille, dont les sections particulières, animées d'un même esprit, se rattachent à un point central et se dirigent vers un but commun. On affecta de méconnaître la salutaire influence de l'union intime de toutes les branches de nos connaissances sur les progrès de l'industrie et sur les développemens de la prospérité. Le palais des sciences et des arts allait cesser d'être le sanctuaire auguste, où, sous

les auspices d'un gouvernement libéral et éclairé ; les savans, les littérateurs, les artistes habiles et distingués s'applaudissent d'une honorable confraternité, qui les avertit des utiles secours qu'ils peuvent et doivent se procurer les uns aux autres. Plusieurs hommes d'un mérite supérieur étaient exclus de l'enceinte sacrée, où l'opinion publique et les suffrages même de leurs rivaux leur assignaient une place. On préparait une Académie des sciences où Carnot, Monge, Guyton-Morveau auraient cessé de compter ; une Académie de peinture, dont notre illustre David n'aurait pas été membre. La grande famille nationale, savante et littéraire, allait être dissoute par une Ordonnance royale, qui détruisait le principe de sa majestueuse unité. Tel fut l'un des derniers actes de ce gouvernement, ennemi déclaré des progrès des lumières et de la gloire nationale, dont le chef était proclamé par ses courtisans le protecteur et l'ami de la littérature et des arts.

38.—*Politique extérieure, fausse, mal entendue, anti-française.* — Dans ses relations extérieures, ce même gouvernement, abjurant la dignité de la Nation, accédait, par une lâche condescendance, au partage des divers États de l'Europe, que réglaient entre elles les quatre puissances dominatrices. Tandis qu'il abandonnait l'Italie entière à l'Autriche, la malheureuse République de Gênes au Piémont, la Belgique et la Hollande à l'influence de

l'Angleterre, la Pologne à la Russie, une partie de
la Saxe à la Prusse; il exhalait une rage impuissante et des insultes maladroites et indécentes contre le Roi de Naples. Les démarches scandaleuses
du cabinet des Tuileries pour faire priver çe Roi
de ses états, décélaient une politique étroite, sug-
gérée par une haine personnelle, et par un petit
esprit de famille, toujours anti-français.

39. — *Injures continuelles et officielles, prodiguées à Napoléon, qui retombaient sur la France
et sur l'armée. Violation des engagemens contractés
envers Napoléon et sa famille.* — Par une maladresse plus grande encore, des injures multipliées
et officielles, prodiguées journellement à l'Empereur
Napoléon, fatiguaient et irritaient la nation et l'armée, habituées pendant si long-temps à reconnaître ses lois et à s'honorer de sa gloire. Tous les
fonctionnaires, tous les militaires, tous les citoyens
se trouvaient blessés dans leur amour-propre et dans
leur honneur. Ceux même d'entre les Français, qui
croyaient avoir à lui reprocher les derniers désas-
tres publics, frémissaient d'entendre insulter et
outrager sans cesse un Monarque détrôné, qui
avait gouverné la France pendant quatorze années,
et dont on ne pouvait flétrir les lauriers, sans que
la gloire nationale fût elle-même attaquée.—On vio-
lait envers lui toutes les dispositions d'une convention positive, par laquelle, en abdiquant le trône,
il en avait assuré la jouissance paisible aux Bour-

bons, pour éviter à la France la continuation de ses malheurs et le fléau d'une guerre civile.

40. — *Derniers momens de l'existence politique des Bourbons, signalés par des mesures fausses, maladroites, anti-constitutionnelles, révolutionnaires, par des tentatives de guerre civile, par la provocation d'une guerre étrangère contre la France.* — Enfin, à l'époque où le débarquement de Napoléon en France offrit un point de ralliement à la nation et à l'armée, justement inquiètes, mécontentes et indignées; quand l'espoir de sortir d'un état d'humiliation et de contre-révolution réveilla tous les esprits : des mesures impolitiques, violentes, révolutionnaires; un défaut absolu de confiance, de franchise, de bonne foi; des protestations tardives et forcées, qui n'en imposaient plus à personne; des mensonges, des inepties; l'isolement, la faiblesse, la pusillanimité, la terreur; une fuite honteuse; l'enlèvement des diamans de la couronne; des tentatives de guerre civile; un appel aux gouvernemens étrangers, invoqués contre la Nation, viennent de signaler les derniers momens de l'existence politique des Bourbons.

Les principales fautes que nous venons de retracer frappent aujourd'hui tous les yeux. Plusieurs écrivains les ont déjà recueillies et développées. Elles seront appréciées par l'histoire, qui les fera servir à l'instruction des gouvernemens, toujours précaires et chancelans, lorsqu'ils méconnaissent l'opinion et

l'intérêt des Peuples. Il a paru nécessaire d'insister
sur ces fautes, pour expliquer nettement les motifs
qui ont fait abandonner et repousser les Bourbons.
Nous respectons en eux les droits du malheur; mais
nous avons dû écarter jusqu'à l'ombre du reproche
d'inconstance et de légèreté, que des hommes mal-
intentionnés ou mal instruits pourraient adresser au
Peuple français. Le Roi et les Princes, dans tous leurs
actes, s'étaient montrés les ennemis de notre bonheur et de notre gloire. Ils avaient déconsidéré,
humilié, frappé d'une proscription morale, menacé
d'une proscription réelle tous les hommes qui avaient
servi la patrie, avec honneur et dévouement, dans
les emplois militaires, civils, politiques, adminis-
tratifs, pendant tout le cours de la révolution. Aucun Français, militaire ou citoyen, n'a pu se rattacher à une dynastie qui proscrivait la masse entière
de la nation.

Telles sont les causes multipliées qui ont constamment aliéné du peuple français des Princes ra-
menés et imposés par les armées ennemies, qui
ont rendu plus indélébiles la tache et la flétrissure
imprimées à une couronne, dont un Roi des Français se déclarait redevable au *Prince Régent d'Angleterre;* qui ont préparé, dès l'origine, et pendant
dix mois d'une contre-révolution mal dissimulée,
et qui ont enfin déterminé, en quelques jours, la
chute ou plutôt la disparition et la seconde émigration des Bourbons. Leurs hypocrites promesses
avaient été presqu'en même temps proclamées et

violées : ils n'avaient offert, dans leur ombre de gouvernement, qu'une administration anti-française,
une préfecture britannique : leur règne éphémère
s'est évanoui.

III. — *Caractère de la* septième époque ; *comparée aux six époques précédentes.*

Les leçons puisées dans les *six* grandes *Époques*
de notre révolution, que nous avons parcourues et
analysées ; le tableau et l'examen des fautes, qui
ont empêché jusqu'ici que les destinées de la France
fussent solidement affermies, doivent nous faciliter
les moyens de mettre à profit la *Septième Époque,*
pour qu'elle devienne celle de l'organisation d'un
gouvernement définitif, monarchique et tempéré
par les lois, fort de la puissance et de la confiance
du peuple, destiné à rattacher la nation à son monarque par le lien le plus indissoluble, celui de
l'amour et des bienfaits.

Nous avons vu, dans la *Première Époque* (1789—
1791. *Assemblée Constituante ; premières années
de la révolution ; fin du règne de Louis XVI*), le
défaut d'union entre la nation et le Roi, le défaut
d'accord entre les ministres et d'unité dans le conseil, un Roi sans énergie, sans volonté, sans franchise, sans bonne foi, qui ne sut pas être l'homme
de l'opinion et se mettre à la tête du mouvement
national. L'émigration, les factions intérieures, la
guerre extérieure, qu'il fut accusé d'avoir provoquée, précipitèrent sa chute.

Aujourd'hui, la Nation et son chef n'ont qu'un même intérêt, un même vœu : l'indépendance et la prospérité de la patrie. Le Conseil et les Ministres ne doivent faire qu'un avec le Monarque et avec la Nation. Le gouvernement sent et reconnaît le besoin de régner sur un peuple libre, par et pour ce peuple, et avec le concours de ses représentans. L'Empereur est puissant par l'énergie de son caractère, par la force de sa volonté; il prend son point d'appui dans l'opinion; il veut être franchement l'homme de la France. La nouvelle émigration d'une poignée d'anciens nobles, revenus en 1814 avec les Bourbons, fait ressortir leur impuissance et leur nullité. Tous leurs efforts pour soulever nos provinces ont échoué, lorsqu'ils parlaient au nom d'un gouvernement qui existait encore. Aucun espoir ne leur reste de ranimer les factions, ni d'exciter la guerre civile. Enfin, si la guerre étrangère doit avoir lieu, ce n'est plus un Roi, provocateur de cette guerre et allié de nos ennemis; c'est un Prince identifié avec le peuple et défenseur de ses droits, auquel la direction des forces nationales est confiée.

Dans la *Seconde Époque* (1793, 1794. *Convention Nationale; Comité de salut public*), le Gouvernement Révolutionnaire étouffait l'opinion par la terreur, signalait sa marche par des violences, foulait aux pieds tous les principes, s'isolait ainsi de la Nation, et ne tarda pas à succomber par l'explosion d'une indignation long-temps comprimée. Mais l'énergie nationale avait assuré le succès des moyens de défense employés contre les ennemis du dehors, et l'étranger fut déjoué dans son atroce projet d'envahir et de démembrer notre territoire.

Aujourd'hui , l'Empereur veut laisser à l'opinion son libre développement, s'aider de ses conseils, se fortifier de son influence. Il veut donner à tous ses actes le caractère d'une sage modération , compagne de la véritable force. Il adopte les principes consacrés depuis un quart de siècle par le vœu de la nation ; il veut s'unir plus étroitement à elle , en fondant sa puissance personnelle et sa dynastie sur la base inébranlable d'une constitution , propre à garantir les droits des citoyens et les prérogatives du trône. La France , si elle est attaquée , n'aura pas seulement à défendre son territoire , mais sa constitution , ses lois , sa gloire, sa liberté.

La *Troisième Époque* (1795 — 1799. *Directoire Exécutif*), nous a offert la politique faible , vacillante, nulle d'un gouvernement composé d'élémens hétérogènes, qui portait en lui-même des germes de destruction, qui redoutait les hommes généreux et les vrais patriotes, qui ne s'appuyait point sur l'opinion, qui régnait par la division des partis, qui a péri par excès de faiblesse.

La politique impériale sera franche , énergique , prononcée ; la fusion des partis , l'union nationale , le concours des hommes d'un caractère noble et éprouvé, sont pour l'Empereur les vrais moyens de sa force, les soutiens nécessaires de son autorité.

Dans la *Quatrième Époque* (1799. *Consulat*), les

feux mal éteints des dissensions civiles, les germes non encore étouffés de passions inquiètes et jalouses, les défiances réciproques entre le gouvernement et la nation, la prédominance du pouvoir militaire pour résister aux ennemis du dehors, le système représentatif, promis et non réalisé, illusoire et impuissant, ne permirent point d'établir une constitution fixe et une tranquillité durable.

Aujourd'hui, de longs malheurs, des expériences multipliées paraissent avoir éclairé le gouvernement et les citoyens. Les passions haineuses sont calmées, comme l'a prouvé la noble unanimité qui s'est manifestée en France, au moment du départ des Bourbons. A peine sur quelques points la tranquillité intérieure a-t-elle été momentanément troublée. Le besoin commun d'une sage liberté, d'un repos glorieux, d'une activité dirigée vers des objets utiles, réunit et confond les vœux et les sentimens des Français. L'Empereur veut opposer aux ennemis extérieurs, s'ils osent nous menacer, la puissance, la volonté, l'union nationales, plus redoutables encore pour eux que sa puissance et son génie militaire. Une confiance mutuelle doit rapprocher et unir la nation et le monarque.

L'assemblée du Champ de mai va cimenter cette union, en consacrant et appliquant les deux principes de la représentation nationale fortement organisée, et de la légitimité du gouvernement; uniquement fondée sur le libre consentement du peuple.

La *Cinquième Époque* (1804. *Empire*), marquée par d'immenses conquêtes , résultat des guerres où nous avait engagés l'opposition des autres puissances, nous a présenté les écarts de l'ambition, les dangers des expéditions lointaines, la fragilité d'un colosse sans base, la chute presqu'inévitable d'un monarque solitaire , privé de l'appui des corps représentatifs et de la volonté nationale.

Les erreurs et les malheurs de cette époque sont une garantie contre leur retour. La nation et l'Empereur veulent également la paix , mais une paix qui conserve intact le dépôt de l'indépendance et de la gloire françaises.

Abjurer les conquêtes, défendre notre territoire, respecter l'indépendance des autres peuples, s'ils respectent la nôtre , ne point nous immiscer dans les affaires d'aucun gouvernement étranger : tels sont nos principes politiques , solennellement proclamés. Le gouvernement lui-même sait qu'il agirait contre le vœu national, et qu'il perdrait une partie de sa puissance, s'il pouvait jamais adopter d'autres règles de conduite.

Enfin, les caractères du gouvernement de la *Sixième Époque* (1814. *Règne de Louis XVIII*), et les causes qui ont amené sa dissolution, ont été la fausseté , la fourberie , la faiblesse, un jésuitisme ténébreux et hypocrite , une réaction sourde et rapide , un mépris absolu de l'opinion, la gloire nationale sacrifiée, toutes les classes de citoyens dans un état d'humiliation, de souffrance, de mé-

contentement, toutes les fortunes, toutes les existences menacées.

Des fautes, si récentes et si publiques, exercent
une influence nécessaire sur la marche et sur les
actes du nouveau gouvernement, libérateur et ré-
parateur, qui promet de réaliser enfin nos espérances et de fixer nos destinées.

La révolution reprend sa direction primitive, la
réforme des abus de l'ancien régime; elle accom-
plit son grand but, la fondation d'un gouvernement constitutionnel et national, en harmonie avec
les institutions nouvelles. Ce gouvernement n'a aucun besoin d'être faux, fourbe, hypocrite. La doctrine des *mystères du pouvoir* doit lui rester étrangère; l'opinion et la presse libres deviennent ses auxi-
liaires. La gloire et l'indépendance nationales sont
nécessaires à son existence. Le Monarque n'est redevable du trône à aucun prince étranger : il ne vient
régner sur nous, ni par l'influence de l'Angleterre,
ni avec le secours des troupes Suisses, Autrichiennes
ou Espagnoles. Il est assez fort de la force du peuple,
assez uni d'intérêt et de volonté avec toutes les
classes de citoyens, pour n'avoir aucune réaction à
exercer.

Nous osons donc le dire avec confiance : l'Époque
actuelle, si nous savons en profiter, nous présente
des espérances fondées de bonheur et de tranquil-
lités durables, des moyens immenses de force, des
ressources incalculables pour développer tous les
élémens de prospérité qui sont propres à la France.

Les plus dangereux ennemis de l'Empereur et de
l'État sont désormais les courtisans, les flatteurs, les
hommes vils qui ont rampé dans tous les régimes
et sous tous les règnes : leur bassesse les rend incapables de fidélité ; leur défaut d'énergie les rend
inhabiles à gouverner; le mépris et la nullité doivent être leur partage. Dans la nation elle-même,
les ennemis à combattre et à vaincre sont l'égoïsme,
l'indifférence pour le bien public, la corruption ,
l'immoralité. Il dépend du gouvernement, par le
pouvoir de ses exemples, de ses nominations, de
ses encouragemens, de ses récompenses; il dépend
de la nation, par la bonté de ses institutions , par
le mode et la forme des élections, par la sagesse de
ses lois, de détruire promptement ces ennemis redou-
doutables, et de créer un véritable esprit public,
gardien et conservateur de la patrie.

IV. — *Situation politique de la France, dans les
mois de mars et d'avril 1815. — Revue des
principaux Actes du Gouvernement.—Quelques
réflexions sur l'Acte additionnel aux Constitutions.*

NOTRE *Septième Époque,* dont les résultats défi-
nitifs sont encore dans les chances de l'avenir et
dans l'urne des destinées, a commencé à s'ouvrir,
le premier mars 1815.
Depuis long-temps, les hommes sages et obser-
vateurs, qui ne pouvaient se dissimuler que l'opinion se détachait entièrement du Roi et de sa fa-

mille, que le gouvernement manquait de bonne foi
et de fermeté, qu'une révolution nouvelle devenait
inévitable, sentaient, pour ainsi dire, une exhalai-
son de matières sulfureuses, qui leur annonçait
l'explosion prochaine d'un volcan caché. Les hommes de la cour, aveugles et insoucians, se croyaient
affermis sur les bases de l'antique légitimité royale;
ils regardaient comme des factieux les amis sincères
de la patrie, qui exprimaient le désir que le Roi se
rattachât fortement à la nation, au lieu de s'en iso-
ler et d'accorder une influence exclusive à quelques
émigrés revenus avec lui. Ainsi, un gouvernement,
dont toutes les démarches étaient fausses, inconsi-
dérées, anti-nationales, qui n'inspirait aucune confiance, qui travaillait à flétrir publiquement et à
détruire sourdement toutes les institutions nouvelles, et tout ce qui avait été fait, en législation,
en administration, en politique, aux armées, et
même en faveur des sciences et des progrès de l'esprit humain, depuis vingt-cinq ans, s'écroulait de
toutes parts, lorsque Napoléon reparut sur les rivages de la Provence. Il avait été abandonné par
l'opinion, en 1814, comme l'auteur des maux publics; la même opinion, toujours fidèle au vœu
national de la prospérité de la patrie, effrayée des
nouvelles calamités que préparait et qu'avait commencé à réaliser un système général de réaction et
de contre-révolution, fut disposée à l'accueillir, en
1815, comme le sauveur de la France. Sa marche,
depuis le lieu de son débarquement jusqu'à Paris,

fut rapide et triomphale. Le magique et immense
pouvoir de l'opinion peut seul expliquer ce phénomène d'un homme exilé, proscrit, voué depuis
une année à tous les genres d'outrages, replacé
tout à coup à la tête de la même nation qui lui
a reproché ses malheurs, et qui lui confie de nouveau ses destinées. Elle reçoit de lui l'immense
bienfait d'être délivrée, sans guerre civile, d'un
gouvernement qu'elle ne pouvait plus supporter.
Elle rend hommage à son génie, à sa gloire; elle
renoue avec lui le pacte rompu par la violence,
la trahison et la fatalité; elle le proclame de nouveau son libérateur et son chef légitime, seul propre à garantir ses droits et les résultats de sa révolution.

Du 5 au 19 mars, toutes les nouvelles relatives
au débarquement, à la marche et aux premiers
succès de Napoléon étaient enveloppées d'un voile
épais par le ministère. Des notes officielles présentaient cet événement comme une *tentative insensée;*
on affectait de répéter que la tranquillité publique
était assurée, que le meilleur esprit régnait dans
les départemens. Et cependant, la convocation
soudaine des deux Chambres, que la cour avait
montré tant d'empressement à dissoudre; les ordonnances royales et révolutionnaires des 6, 9 et 11
mars, la formation de camps et de corps d'armée,
pour aller combattre des ennemis qu'on ne voyait
nulle part; la mesure qui rappelait au service actif
tous les militaires en congé; les proclamations du

Roi, la formation de volontaires royaux, la séance royale du Corps Législatif, le serment tardif et forcé, prêté par le Comte d'Artois à la Charte constitutionnelle ; les comités secrets journaliers de la Chambre des Députés, un système continuel de mensonges, voilé par cette déclaration, que *le gouvernement ne veut rien exagérer ni rien taire*, trahissaient des craintes toujours croissantes, qu'on voulait en vain désavouer : tous les actes positifs démentaient les protestations. L'une des proclamations publiées alors, qui s'adressait aux gardes nationales de France, renfermait l'accusation la plus directe contre le gouvernement royal qu'elle cherchait à défendre : « *on ne brave point impunément l'opinion des » peuples, alors même qu'ils sont asservis* (6) ». Cette opinion, bravée depuis dix mois avec une affectation d'insulte et de mépris, réagissait fortement contre la cour, et n'attendait qu'une occasion et un point de ralliement pour se prononcer.

Quelques esprits inquiets, qui redoutaient surtout la guerre civile et étrangère, présentée comme un double résultat nécessaire du retour de Napoléon, semblaient vouloir se rattacher à l'idée de la formation d'un *tiers parti*, pour une Régence, déférée à l'Impératrice Marie-Louise, reconnue par l'Autriche et par les autres puissances, avec un conseil

_____

(6) Ordre du jour, adressé aux gardes nationales de France, en date du 7 mars 1815.

de régence national, composé d'hommes habiles et énergiques, qui eussent donné des gages à la révolution et acquis des droits à la confiance du peuple, et avec la garantie d'une bonne représentation nationale; divisée en deux chambres, délibérant publiquement, et permanentes, ou né pouvant être ajournées que par leur libre consentement. On était généralement dégoûté de la fourberie jésuitique, de l'incapacité absolue des Bourbons; le bon sens national repoussait leur gouvernement, qui paraissait ne devoir être qu'une sorte de préfecture anglaise. Mais le rétablissement du trône impérial, avant qu'on eût connaissance des événemens qui signalaient la rentrée de Bonaparte en France, et de ses proclamations au peuple et à l'armée, faisait craindre des dissensions intérieures, une nouvelle Vendée; des réactions violentes, des vengeances inévitables, et la possibilité d'une guerre extérieure imminente, dans laquelle la France, peut-être divisée d'opinions, aurait à combattre encore toute l'Europe coalisée.

Du 19 au 25 mars, une partie de ces craintes s'évanouit: le nuage obscur et chargé de tempêtes, qui enveloppait l'horizon politique, se dissipe; du moins dans l'intérieur de la France. On voit de tous côtés les symptômes de la guerre civile disparaître. Toutes les classes de citoyens se rallient de concert à Napoléon, qui remonte sur un trône, consacré par le vœu national, sans qu'il y ait aucune secousse ni aucune réaction.

Les 20 et 21, une joie unanime, un enthousiasme électrique célèbrent le retour de l'Empereur dans la capitale, et se manifestent surtout dans les classes inférieures du peuple et dans l'armée. On reprend avec transport la cocarde tricolore ; on se rattache aux principes et aux droits que la révolution a sanctionnés, que la génération actuelle a scellés de son sang, qui sont proclamés de nouveau et garantis par des promesses solennelles.

La révolution, qui prive les Bourbons du trône, prend un caractère essentiellement national ; elle n'est point seulement le triomphe d'un homme, mais celui de l'opinion et de la liberté publique. L'union intime des sentimens, des volontés et des forces communique à toutes les âmes, qui sortent d'un état d'assoupissement et d'humiliation, une énergie qui rappelle les beaux jours de la première fédération nationale : elle inspire à chaque citoyen la conviction que l'Europe entière serait impuissante contre la nation française, réunie en faisceau, et résolue à garantir son indépendance et l'intégrité de son territoire.

Du 25 mars au 16 avril, l'imagination publique, mobile et variable comme les événemens, reçoit des impressions nouvelles, qui en sont les conséquences nécessaires, tandis que l'opinion, la conscience et la raison publiques restent toujours constantes et immuables dans leur vœu pour la garantie des droits et des libertés de la nation.

Des inquiétudes généralement répandues succèdent aux premiers élans de l'enthousiasme. Le premier besoin était de se délivrer d'une administration anti-française ; le second, d'établir sur des bases solides la sûreté et la tranquillité de l'état et de chaque citoyen.

On lit avec avidité, on recueille avec reconnaissance les promesses renouvelées plusieurs fois par Napoléon dans ses proclamations successives, depuis le golfe de Juan jusqu'au palais des Tuileries. On trouve une garantie positive dans ces promesses solennelles d'un grand homme, qui ne saurait être infidèle au peuple et à lui-même, et surtout dans la masse des intérêts qui lui sont communs avec tous les autres citoyens. On applaudit aux nominations de quelques ministres et de plusieurs fonctionnaires, magistrats et administrateurs, d'un caractère noble et prononcé, d'un talent supérieur, d'une habileté reconnue, d'un patriotisme éprouvé, bons Français et hommes d'État, qui jouissent de l'estime et de la confiance publiques. Mais beaucoup d'autres choix, qui n'obtiennent pas la même sanction de l'opinion, font craindre qu'on ne retombe dans le faux et dangereux système de choisir les places pour les hommes, afin de favoriser quelques individus, et d'encourager ainsi trop souvent l'intrigue et la bassesse ; au lieu de choisir toujours les hommes pour les places auxquelles ils conviennent, et de consulter, dans toutes les nominations, le véritable intérêt de la patrie et du monarque.

Le décret du 13 mars, qui convoque à Paris l'assemblée extraordinaire du *champ de mai*, *afin de prendre les mesures convenables*, *pour corriger et modifier les constitutions de l'Empire*, *selon l'intérêt et la volonté de la Nation;* la déclaration du Conseil d'état du 25 mars, contenant l'exposé des principes qui doivent faire la règle invariable de ses opinions et de sa conduite, et dans laquelle est reproduite cette vérité fondamentale, que *la Souveraineté réside dans le peuple, seule source légitime du pouvoir;* les adresses des ministres, de la cour de cassation et des premières autorités, qui consacrent les mêmes principes, offrent des points de ralliement aux bons citoyens, et fixent, aux yeux de la France et de l'Europe, le but définitif de la Restauration du trône impérial, redevenu constitutionnel et national.

« Ce qui distingue spécialement ce trône, dit l'Empereur Napoléon, dans sa réponse à la Cour des comptes, c'est qu'il est élevé par la Nation, qu'il est par conséquent *naturel*, et qu'il garantit tous les intérêts; c'est-là le vrai caractère de la *légitimité.* L'intérêt impérial est de consolider tout ce qui existe et tout ce qui a été fait en France dans vingt-cinq années de révolution; il comprend tous les intérêts, et surtout l'intérêt de la gloire de la nation, qui n'est pas le moindre de tous ».

Des actes multipliés, qui signalent l'activité infatigable du chef de l'État, ont pour objet la réorganisation de son conseil et des différentes administrations, la réintégration dans leurs fonctions d'un grand nombre d'administrateurs et de magistrats, renvoyés injustement par suite de la réaction royale, l'annulation des changemens arbitraires opérés dans les tribunaux, l'extinction des troubles civils dans le midi, la conservation de la tranquillité intérieure sur tous les points de la France, la réparation des injustices faites à plusieurs acquéreurs de biens nationaux, la suppression de quelques entraves apportées au libre exercice du commerce et de l'industrie; enfin, la sûreté extérieure garantie sur toute l'étendue de nos frontières.

La sage modération qui prévient toute espèce de réaction, atteste la force du gouvernement, et lui concilie beaucoup d'esprits incertains et inquiets.

La promesse, garantie par la force même des circonstances et par une sorte de nécessité morale, de ne point se mêler des affaires des autres nations, et de ne jamais souffrir que les autres gouvernemens se mêlent des nôtres, donne l'assurance que, si la guerre doit avoir lieu, elle sera légitime, nécessaire, nationale, et n'aura pour but que de repousser une injuste aggression. L'abolition de la noblesse héréditaire et le décret qui remet en vigueur les dispositions consacrées par l'assemblée nationale constituante, garantissent à la nation que les récompenses et les honneurs, désormais purement personnels, ne seront jamais un droit de naissance, mais s'obtiendront seulement par des services rendus à l'État.

La suppression de la direction de la librairie et des censeurs royaux, la liberté de la presse proclamée et mise à l'épreuve par plusieurs écrits où sont exprimés avec énergie des sentimens nobles et des vérités utiles, rendent à la pensée son action libre et indépendante, dont elle ne doit répondre qu'aux magistrats et en vertu des lois.

La garde impériale est rétablie dans ses fonctions, et l'Empereur déclare qu'aucun corps étranger ne fera partie de sa garde : il ne veut autour de lui que des Français. La légion d'honneur, *instituée pour récompenser tous les services rendus à la patrie, non pour les émigrés, pensionnaires de nos ennemis,* est rétablie dans ses droits et dans ses prérogatives. L'abolition formelle de la traite des noirs satisfait aux vœux des amis de l'humanité.

Les travaux publics, repris avec activité, assurent des moyens d'existence à des milliers d'ouvriers qui en manquaient.

La maison impériale d'éducation d'Écouen voit revenir, sous les auspices de leur mère d'adoption, les jeunes et intéressantes élèves que la réaction royale avait dispersées. Le conservatoire de musique et d'autres institutions utiles, frappées de proscription, sont rétablis.

Un décret du 6 avril crée une caisse de l'extraordinaire, dont la moitié des fonds est affectée à donner des secours aux propriétaires des maisons détruites par l'effet de la guerre, et aux habitans des départemens qui ont le plus souffert de ses ravages. D'autres dispositions, également bienfaisantes, sont prises en faveur des militaires en re-

traite, des militaires licenciés, des militaires étrangers, enfans adoptifs de la France, et non encore
naturalisés.

Le vœu prononcé du peuple contre les plus graves abus des anciens droits réunis, cesse d'être méconnu et méprisé. L'abolition du droit de circula-
tion sur les boissons, et du droit de consommation
général sur les eaux-de-vie, réalise l'une des promesses les plus scandaleusement violées par les
Bourbons.

Pendant que des mesures aussi promptes qu'énergiques achèvent la pacification des contrées méridionales, que des Commissaires extraordinaires et
des lieutenans de police sont envoyés dans quelques
départemens et dans les principales villes, qu'une
organisation générale dés gardes nationales de
France perfectionne cette belle institution, à laquelle nous sommes redevables du maintien de
l'ordre et de la tranquillité dans la capitale, au moment du départ des Bourbons, la même activité, à
laquelle rien ne peut échapper, combine rapidement des mesures de défense sur tous les points qui
pourraient être menacés; les vrais remparts des
états sont des soldats dévoués et aguerris.

L'exportation des armes à feu est prohibée; tous
les ateliers des manufactures d'armes redoublent
d'activité. Les militaires congédiés ou rentrés dans
leurs foyers sont invités à rejoindre les drapeaux.
Des milliers de volontaires s'unissent aux anciens
guerriers que la patrie rappelle. Un serment solen-

nel rallie à la Nation et à l'Empereur des hommes qui n'ont pas vainement juré de maintenir les principes constitutionnels qu'ils ont librement consentis. Cette nation humiliée, mais non vaincue, sort d'un pénible sommeil : elle se relève avec fierté. Son attitude est calme, imposante, majestueuse; elle sera terrible, si on veut la troubler dans le libre exercice de ses droits; invincible, si des provocations hostiles l'obligent à se défendre.

Deux décrets seulement, motivés sans doute par des considérations impérieuses, et justifiés par les circonstances, mais sur lesquels notre engagement d'être les organes fidèles de la vérité nous impose le devoir de nous exprimer avec franchise, paraissent blâmés par l'opinion. Elle repousse, avec force et unanimité, tous les actes marqués du sceau de l'arbitraire, et en opposition avec les principes d'une justice rigoureuse.

Le premier de ces décrets, publié le 6 avril, ordonne le séquestre des biens de plusieurs personnages marquans, qui avaient coopéré, par des intrigues secrètes ou par des actes publics, à la chute du gouvernement impérial, en 1814, et dont quelques-uns se sont évidemment rendus coupables de trahison. Mais l'opinion, qui les flétrit, blâme la violation des principes, même à l'égard d'individus justement accusés : elle réprouve toute mesure arbitraire, toute espèce d'atteinte au droit sacré de propriété, base de l'ordre social, toute extension de la peine qu'un crime peut mériter, à d'autres individus qu'à ceux qui en sont reconnus les auteurs.

Le second décret, publié le 8 avril, renferme une mesure générale d'exil à trente lieues de Paris, applicable à un trop grand nombre d'individus, pour que tous l'aient méritée. Il aurait paru plus naturel, plus simple et surtout plus juste, d'ordonner que les individus faisant partie des ci-devant maisons civiles et militaires du roi et des princes, eussent à retourner dans leurs foyers ou dans les résidences qu'ils avaient précédemment habitées. Cette disposition, moins sévère en apparence, offrait l'avantage de les disperser sur différens points, et de les diriger sur les lieux où leurs affections et leurs intérêts devaient naturellement les rappeler. Un gouvernement juste et fort évite de généraliser les mesures d'accusation et de proscription. Aussi, l'Empereur a-t-il recommandé lui-même d'adoucir et de tempérer, dans l'exécution, ce que la disposition ordonnée paraissait avoir de trop sévère.

Les vrais amis de la patrie et du gouvernement, unis désormais par des liens indissolubles, doivent observer avec une attention scrupuleuse et faire connaître, avec un noble dévouement, les impressions produites sur l'opinion par les actes de l'autorité, afin de prévenir de bonne heure les causes de mécontentement qui priveraient le gouvernement d'une partie de sa force morale, et qui entraîneraient plus tard les plus graves conséquences. Ils doivent indiquer les moindres apparences de dé-

viation, afin de maintenir constamment les ministres sur la droite ligne qu'une saine politique et les
intérêts communs du peuple et du monarque leur
prescrivent de suivre, et d'empêcher que le crédit
politique du chef de l'État puisse recevoir aucune
atteinte.

C'est dans les mêmes vues, et par ces motifs légitimes et impérieux, que nous croyons devoir placer ici une réflexion, commune à plusieurs bons
esprits, qui tient moins à la forme qu'au fond
même des actes du gouvernement. On a vu avec
peine tous les décrets contresignés seulement par
le ministre secrétaire-d'état, lorsqu'ils devraient
l'être d'abord, suivant leur objet, par le ministre
dans les attributions duquel rentrent les dispositions
qu'ils renferment. Le ministre de chaque département, appelé à contresigner les décrets, dont l'exécution lui est spécialement confiée, offrirait un
moyen de recours contre lui, une garantie à la nation et au monarque, un agent du pouvoir exécutif
responsable. Le ministre secrétaire-d'état, au contraire, ne peut répondre de tous les décrets, rendus
avec ou sans la participation des ministres des départemens respectifs. Alors, toute responsabilité
ministérielle devient illusoire et même impossible.
Là où la responsabilité des ministres n'existe plus,
l'inviolabilité du chef suprême de l'état n'a plus la
même garantie (7).

_____

(7) Au moment où cet écrit s'imprime, la publication de

Du reste, l'universalité des Français ne demande qu'à se rattacher à l'Empereur, qu'elle regarde comme le Prince national, l'homme nécessaire, le libérateur et le bouclier de la patrie. Sa puissance doit être fortifiée de toute l'énergie des volontés réunies de toutes les classes de citoyens. La nation reconnaît en lui l'intention franche, loyale, prononcée, d'accomplir les nobles promesses renfermées dans ses discours, dans ses proclamations, dans ses décrets.

Jusqu'au 16 avril, époque heureuse où la fin de toutes les dissensions civiles en France a été solennellement annoncée dans la capitale, on craignait généralement la prolongation des soulèvemens partiels qui s'étaient manifestés dans les contrées méridionales, sur les points de Marseille, de Toulouse et de Bordeaux; des bruits contradictoires se répandaient; des opinions opposées, dans les différentes classes de la société, semblaient renfermer les germes naissans de divisions dangereuses. Des atteintes portées à la confiance tenaient toutes

---

l'Acte additionnel aux Constitutions de l'Empire nous offre la disposition que nous avions cru devoir réclamer, et qui est consacrée dans les deux articles 38 et 39, ainsi conçus :

« Tous les actes du gouvernement doivent être contresignés par un ministre ayant département.

» Les ministres sont responsables des actes du gouvernement, signés par eux, ainsi que de l'exécution des lois ».

les affaires suspendues et en stagnation. La nation n'osait pas s'abandonner entièrement aux plus douces espérances, qui tant de fois n'avaient été que de trompeuses illusions, promptement évanouies. Tant que les élémens de guerre civile existaient encore, on se croyait fondé à redouter les chances d'une guerre étrangère du côté du Nord. Le retard de l'arrivée de l'Impératrice Marie-Louise et du jeune Prince Impérial, annoncée d'abord comme prochaine, augmentait les inquiétudes. Des nouvelles alarmantes étaient accueillies, propagées, exagérées par des hommes malveillans ou crédules. On débitait sourdement que le Congrès et les Monarques alliés avaient dû venir de Vienne à Francfort-sur-Mein, où Louis XVIII irait les joindre. On faisait circuler une déclaration du Congrès, qui menaçait d'envelopper la France, et paraissait avoir conçu l'espoir d'y semer la discorde et les dissensions pour la partager et l'anéantir. On publiait des bulletins secrets, annonçant que les quatre grandes puissances, la Russie, la Prusse, l'Autriche, l'Angleterre, de concert avec plusieurs puissances du second ordre, se disposaient à mettre près d'un million d'hommes sous les armes, pour attaquer la France. On allait jusqu'à reproduire l'idée de la monstrueuse convention de Pilnitz, sans faire attention aux événemens qui ont influé depuis cette époque sur l'opinion de l'Europe, et à la disposition des esprits, qui n'est plus favorable, dans aucun pays, aux guerres extravagantes et in-

justes, entreprises dans des vues d'ambition ou de
vengeance.

Mais tous les hommes qui comparent et appré-
cient la situation respective des différens états, et
dont l'opinion mûrie par la méditation, fondée sur
l'expérience et l'observation, sur les faits et sur la
vérité, finit par former l'opinion publique, recon-
naissent des germes nécessaires de division et de
dissolution prochaine dans la coalition, produits
par les mêmes causes qui avaient cimenté son
union l'année dernière. Cette coalition sera réduite
à une impuissance absolue, et l'étranger ne sera
jamais redoutable pour nous, si la Nation toute
entière, forte de son union, se rattache avec dévouement et confiance à l'Empereur, et si l'Empereur s'identifie franchement à la Nation. Il ne s'agit
point, en effet, comme les étrangers voudraient le
faire croire, d'une guerre purement personnelle,
entreprise pour détrôner l'Empereur Napoléon,
pour détruire son existence politique, déclarée in-
compatible avec l'indépendance et la tranquillité de
l'Europe. La guerre, au contraire, si elle devait
avoir lieu, prendrait le caractère prononcé d'une
guerre évidemment nationale, soutenue par la
France pour défendre sa constitution, ses droits,
sa liberté, l'intégrité de son territoire, et le gouvernement choisi par elle, qui lui garantit ces
avantages. Ainsi, la cause du peuple français de-
viendrait celle de tous les peuples, et les rois n'o-
seraient point s'engager ou persévérer dans une

lutte trop inégale. La victoire serait nécessairement du côté de la cause la plus juste et la plus
sainte, défendue par un peuple fier, énergique et
belliqueux.

Ce n'est donc pas tant la politique des cabinets
étrangers, et leur adhésion ou leur opposition, que
la conduite de notre propre gouvernement, qui
importe à sa sûreté comme à la nôtre, et qui peut
lui procurer des fondemens solides et inébranlables.
Toute sa force est en lui-même, dans sa sagesse,
dans sa modération ; dans sa loyauté, dans son
union intime avec le peuple, dans son harmonie
constante avec l'opinion saine et raisonnable des
citoyens, qui constitue la volonté nationale.

Dans un moment où l'Italie entière, une grande
partie de l'Allemagne, la Pologne, la Saxe, la Belgique sont en combustion ; lorsqu'un embrasement
général semble prêt à éclater en Europe, parce que
les gouvernemens ont ignoré, méconnu, trahi les
droits, les intérêts, les vœux, les besoins des peuples;
quand les conséquences de ce mouvement universel
paraissent rendre presqu'inutiles tous les calculs ordinaires de la prudence humaine : l'Empereur Napoléon, appelé par les circonstances et par sa position à relever et à consolider en France la liberté
publique, n'a besoin que d'une conduite sage et
modérée pour devenir, en peu de temps, par une
influence d'autant plus puissante et nécessaire qu'elle
sera indirecte, et préparée par la marche des événemens, et par la force irrésistible des choses,

l'homme de l'opinion publique, l'homme de l'Europe, l'homme du siècle. C'est en s'appuyant sur la nation française, en agissant avec le concours de la portion éclairée de cette nation, représentée par ses députés et par les bons écrivains mis en possession d'une entière liberté de la pensée, qu'il pourra remplir noblement de si hautes destinées. Si l'influence malfaisante des courtisans et des flatteurs lui faisait manquer un si beau rôle, s'il laissait échapper une occasion, peut-être unique dans l'histoire, des reproches, proportionnés au bien immense qu'il aurait pu faire et qu'il n'aurait pas réalisé, lui seraient adressés par ses contemporains et par la postérité.

Dans ces grandes circonstances, si les journaux, soumis à l'influence exclusive de la police, et conservant une physionomie uniforme et officielle, n'avaient fait que distiller de l'opium, pour inspirer une sécurité trompeuse, qui n'aurait abusé personne ; si les négociations et les relations diplomatiques étaient demeurées couvertes d'un voile épais et impénétrable ; si la doctrine des mystères du pouvoir, naguère ouvertement professée par les pamphlétaires royaux, avait prévalu dans le cabinet de Napoléon, la masse du peuple aurait dit : « Dès qu'on se cache de moi, on n'agit pas franchement pour moi ; les affaires de l'état ne sont plus mes affaires ; il ne s'agit que d'un changement de domination et de dynastie ». Dès lors, plus d'esprit public, plus d'énergie nationale ; et le gouvernement, retombé dans la fausse route de l'ancienne diplomatie, aurait perdu des ressources immenses, qui doivent le rendre invincible.

Mais un gouvernement national prend ses moyens de force dans le peuple et dans la publicité de ses actes.

Le 12 avril, un rapport du Ministre des affaires étrangères à l'Empereur, immédiatement rendu public, inspiré par une noble confiance dans la Nation, « qui a le droit d'attendre la vérité de la part de son gouvernement, et à laquelle son gouvernement ne put jamais avoir, autant qu'aujourd'hui, la volonté comme l'intérêt de lui dire la vérité toute entière », présente un tableau rapide et fidèle de la situation, des dispositions et de l'attitude des puissances étrangères, relativement à la France.

« C'est l'Empereur que l'on nomme, mais c'est la France que l'on menace : ce n'est point au monarque, c'est à la nation française, c'est à l'indépendance du peuple, c'est à ce que nous avons acquis par vingt-cinq années de souffrances et de gloire, à nos libertés, à nos institutions, que des passions ennemies veulent faire la guerre. Vouloir rétablir encore une fois les Bourbons, ce serait déclarer la guerre à toute la population française. Ce serait donc pour nous rendre une famille qui n'est ni de notre siècle, ni de nos mœurs, qui n'a su ni apprécier l'élévation de nos âmes, ni comprendre l'étendue de nos droits; ce serait pour replacer sur nos têtes le triple joug de la monarchie absolue, du fanatisme et de la féodalité, que l'Europe entière semblerait se livrer encore à un immense soulèvement. On dirait que la France, resserrée dans ses anciennes limites, quand les autres puissances se sont si prodigieusement élargies, que la France libre, riche seulement du grand caractère que lui ont laissé ses révolutions, tient encore trop de place dans la carte du monde. C'est la nation toute entière que les puissances veulent atteindre, quand elles affectent de séparer la Nation de l'Empereur. Le seul, le véritable but qu'elles puissent se proposer dans l'hypothèse d'une coalition nouvelle, serait l'épuisement, l'avilissement de la France; et, pour parvenir à ce but, le plus sûr moyen à leurs yeux serait de lui imposer un gouvernement sans force et sans énergie.

» ..... Éclairée par l'expérience, la France a les yeux ouverts : il n'est pas un de ses citoyens qui n'observe et ne juge ce qui se passe autour d'elle. Renfermée dans son ancienne frontière, lorsqu'elle ne peut donner d'ombrage aux autres gouvernemens, toute attaque contre son souverain est une tendance à intervenir dans ses affaires intérieures, et ne pourra lui paraître qu'une tentative pour diviser ses forces par la guerre civile, et pour consommer sa ruine et son démembrement ».

A cette communication officielle, qui produit un effet salutaire sur l'opinion, est jointe, comme pièce justificative, une lettre autographe, adressée, le 4 avril, par l'Empereur aux Monarques de l'Europe.

On y trouve exprimées, avec énèrgie, des vérités
dont l'évidence devra frapper tous les rois, si les
passions les plus aveugles n'étouffent pas en eux les
conseils de la raison.

« La véritable nature de événemens doit maintenant être connue de V. M. Ils sont l'ouvrage d'une
irrésistible puissance, l'ouvrage de la volonté unanime d'une grande nation, qui connaît ses devoirs
et ses droits. La dynastie que la force avait rendue
au peuple français, n'était plus faite pour lui : les
Bourbons n'ont voulu s'associer ni à ses sentimens,
ni à ses mœurs ; la France a dû se séparer d'eux.

» Le rétablissement du trône impérial était nécessaire au bonheur des Français. Ma plus douce
pensée est de le rendre en même temps utile à l'af-
fermissement du repos de l'Europe. Assez de gloire
a illustré tour à tour les drapeaux des diverses nations. Les vicissitudes du sort ont assez fait succéder
de grands revers à de grands succès. Une plus belle
arène est aujourd'hui ouverte aux souverains, et je
suis le premier à y descendre. Après avoir présenté
au monde le spectacle de grands combats, il sera
plus doux de ne connaître désormais d'autre rivalité
que celle des avantages de la paix, d'autre lutte que
la lutte sainte de la félicité des peuples. La France
se plaît à proclamer avec franchise ce noble but de
tous ses vœux. Jalouse de son indépendance, le
principe invariable de sa politique sera le respect le
plus absolu pour l'indépendance des autres nations.
Si tels sont, comme j'en ai l'heureuse confiance, les

sentimens personnels de V. M., le calme général est assuré pour long-temps ; et la justice, assise aux confins des divers états, suffira seule pour en garder les frontières ».

Le 16 avril, cent coups de canon, tirés aux Invalides, annoncent à la capitale la fin des dissensions civiles, dont la continuation pouvait entraîner le renouvellement de la guerre étrangère, et favoriser une invasion en France. La Nation applaudit à la modération de l'Empereur envers le duc d'Angoulême, dont il ordonne de protéger la retraite. Tout acte de violence, de vengeance, de proscription, quel que fût le parti qui s'en rendrait coupable, serait désavoué, repoussé par l'opinion. Il est temps d'introduire, même dans les dissensions intestines, cet esprit de tolérance, d'humanité, de générosité, dont s'honorent les nations civilisées, et qui, dans les guerres ordinaires, en adoucit les horreurs.

Les opinions les plus divergentes, réunies désormais par les mêmes vœux, se rallient au gouvernement : les unes, par affection, par confiance ; les autres, par intérêt, par nécessité ; toutes, par un sentiment commun d'amour de la patrie ; par le besoin d'une étroite et indissoluble union de tous les Français contre les étrangers ; par la conviction intime et profonde que l'Empereur lui-même n'a de salut que par nous et avec nous.

Les classes pauvres et inférieures ne veulent plus le retour des castes privilégiées, insolentes et oppressives. L'égalité des droits, consacrée par la loi, les rattache à une dynastie qui n'a de puissance que par la conservation des institutions nouvelles.

Les classes riches veulent un gouvernement fort et juste, qui garantisse l'indépendance de la nation au-dehors, sa tranquillité au-dedans, la sûreté des personnes et des propriétés.

Les acquéreurs de biens nationaux rentrent dans la jouissance paisible et assurée de leurs acquisitions territoriales, faites sous la garantie des lois.

Les militaires, qui se voyaient humiliés, flétris, traités comme des sujets rebelles et amnistiés, reprennent, avec le sentiment de leur gloire, l'énergie qui convient aux défenseurs d'une nation libre, fière et généreuse. Une vaste carrière est ouverte à une noble ambition; les vertus, les talens, les services donnent seuls des droits à un juste avancement (8).

---

(8) « Depuis les guerres de la révolution française, observe un journaliste étranger, *l'Observateur de Bruxelles*, les armées françaises ont fait des choses étonnantes, parce qu'il s'est opéré une révolution dans la manière de créer les officiers. On les a pris parmi les sous-officiers qui avaient de l'instruction : on a formé des écoles militaires, auxquelles le gouvernement a donné tous ses soins, et l'avancement n'a plus été accordé qu'au mérite.

» On a été plus loin : on a fait donner aux bas-officiers l'instruction destinée aux officiers, afin qu'ils pussent, au besoin, les remplacer.

» Enfin, pour donner le dernier degré de perfection à l'éducation militaire, on a formé une espèce d'école normale, où

Les anciens républicains, que l'expérience a éclairés sur les dangers des fausses théories, sur les abus inséparables de la licence, sur les effroyables désordres de l'anarchie, mais que la méditation et le malheur ont rattachés plus fortement aux principes d'une sage liberté, qui avaient tout à craindre du retour et de l'influence exclusive des émigrés, des nobles et des prêtres; les hommes d'un caractère modéré, qui ont évité de prendre un parti prononcé dans nos troubles politiques, mais qui désirent sincèrement l'indépendance et la prospérité de leur patrie, et qui savent que l'étranger, une fois maître chez nous, ne ferait plus aucune distinction parmi les Français et les confondrait dans ses fureurs, dans ses exactions, dans ses vengeances; les anciens royalistes, qui s'étaient flattés que la famille des Bourbons aurait mis à profit les leçons du malheur, et aurait su se concilier toutes les affections et tous les vœux, et qui ont reconnu avec douleur com-

_____

des sous-officiers et des officiers, qui avaient donné des preuves de sagacité, étaient envoyés pour y puiser une bonne méthode d'instruction; de là vient la supériorité des officiers instructeurs, en France ».

Là fut le principe de nos premiers succès : nous vîmes sortir des simples rangs de soldats, une foule d'officiers supérieurs et d'officiers généraux, qui ont illustré nos armées, et défendu la patrie. Quand la faveur et l'intrigue ont recommencé à usurper des grades, l'esprit de l'armée française n'a plus été aussi pur, aussi noble, aussi national, et notre gloire militaire s'est éclipsée.

bien leurs illusions les avaient abusés, se rallient tous de bonne foi autour d'une opinion commune, qui réclame une monarchie nationale, une constitution propre à garantir fortement la liberté publique.

Tous les sujets de division doivent disparaître. Notre cause est uniquement celle de l'indépendance et de la liberté de la France. Tous les militaires, qui sont citoyens, tous les citoyens, qui sont prêts à devenir soldats, vont redoubler de zèle, d'énergie et de dévouement. La patrie sera un camp, la nation une armée. *L'unité politique est un sentiment, un instinct, un besoin chez les Français.* Qu'ils se rallient tous autour d'un gouvernement national, qui est leur centre : la triple alliance du patriotisme, de la gloire, du génie, aura bientôt triomphé de ces puissances, désunies par mille intérêts opposés qu'elles n'ont su concilier dans un congrès d'une année.

Une sorte de bon sens instinctif a suffi pour empêcher la guerre civile en France ; elle n'avait aucun motif ; tous les habitans étaient unis de sentimens, d'intérêts, de volontés : le même instinct de bon sens, commun aux peuples de l'Europe, empêchera la guerre civile entre les membres de la grande famille Européenne. Aucun motif légitime, aucun intérêt véritable ne peuvent porter les autres peuples à combattre et à détruire une nation qui ne trouble point leur indépendance, et qui veut défendre la sienne.

Tandis que l'opinion unanime se rallie au gouvernement, en France, elle s'éclaire et se mûrit, en Europe, sur la nature des événemens qui ont relevé le trône impérial, et sur le véritable esprit du peuple français. Les déterminations hostiles des puissances vont nécessairement dépendre de la connaissance qu'elles acquerront de notre situation intérieure. Si aucun symptôme de guerre civile n'éclate parmi nous, les coalisés, qui n'auront aucun point d'appui, en France, ne se hasarderont pas à venir attaquer une nation tranquille et unie. Notre indépendance, notre sûreté auront leur plus forte garantie dans notre union.

Les derniers jours du mois d'avril sont marqués par cinq grands événemens qui fixent l'attention publique :

1°. La proclamation, publiée à Rimini le 31 mars par le roi de Naples Joachim, qui, après avoir cru pouvoir se fier aux promesses évasives du congrès, s'est enfin décidé à marcher avec son armée dans le centre de l'Italie, pour arborer le drapeau de l'indépendance italique ;

2°. La décision, également tardive, de l'Autriche, qui, pour se rattacher la nation Italienne, prête à lui échapper, érige l'Italie en Royaume et la divise en deux gouvernemens, séparés par le Mincio, dont Venise et Milan seront les deux capitales ;

3°. La proclamation du Royaume de Pologne par l'Empereur Alexandre, qui s'engage, en 1815,

à réaliser les espérances, si long-temps trahies,
d'une nation généreuse et infortunée;

4°. Le pacte fédératif, signé le 24 avril à Rennes,
par plus de trois mille citoyens des cinq départemens de la Bretagne, qui donnent un noble exem-
ple aux habitans des autres parties du territoire français, que ne souilleront point d'odieux ennemis,
si la même énergie inspire tous les citoyens;

5°. L'acte additionnel aux constitutions de l'Empire, publié le 23 avril, présenté à l'acceptation
libre et solennelle des Français, et qui, dès son
apparition, a occupé tous les esprits, puisqu'il doit
renfermer la garantie de nos droits, le gage de nos
destinées.

Les vœux des hommes de bien, affligés des longs
malheurs de l'humanité, sont que l'Italie, après
avoir expié, par vingt siècles d'oppression, la gloire
dangereuse d'avoir elle-même conquis et opprimé
le monde, désormais indépendante, renfermée
dans ses limites naturelles des deux mers et des
Alpes, jouisse en paix d'un gouvernement de
son choix, d'une représentation nationale, d'une
Constitution libre, d'un entier développement de
tous ses moyens de prospérité; qu'elle serve de
barrière entre la France et l'Autriche, au lieu d'être
toujours une sanglante arène ouverte à ces deux
puissances.

L'Empereur d'Autriche aurait pu, l'année dernière, accomplir les vœux des Italiens, leur donner un prince de sa famille pour Roi, se constituer

le fonda eur et le protecteur de l'indépendance italique. Des conseillers ignorans ou perfides l'ont éloigné d'un système politique, conforme à ses intérêts et à sa gloire, auquel il ne se trouve rappelé que par la force des circonstances.

La renaissance de la Pologne, si elle est franchement proclamée, si elle est suivie d'une organisation politique indépendante, sera l'un des titres de l'Empereur Alexandre à la reconnaissance d'une brave nation, à l'estime de ses contemporains, et à celle de la postérité, qui constitue la gloire. Les Monarques sont d'autant plus puissans, qu'ils mettent leur politique en harmonie avec les intérêts et les vœux des peuples.

En France, tous les hommes généreux, que tourmente et dévore le besoin d'assurer l'indépendance de la patrie, l'inviolabilité de son territoire, vont suivre les traces des fidèles Bretons : les fédérations partielles des anciennes provinces ou des départemens de l'Empire deviendront les anneaux d'une chaîne forte et indissoluble dont se composera la grande fédération nationale, destinée à repousser de la France les cohortes étrangères qui voudraient l'asservir.

Quant à *l'acte additionnel aux constitutions de l'Empire*; on a blâmé généralement le voile mystérieux qui l'a enveloppé, dans le moment de sa formation. Aucune garantie n'a été donnée par la publicité des noms de ses rédacteurs; il aurait dû, si l'urgence des circonstances n'y avait mis obstacle, émaner d'un corps constituant, puisé dans la nation et choisi par elle, qui aurait pu facilement être convoqué pour les derniers jours d'avril. Ce corps constituant n'aurait eu qu'à recueillir, dans les constitutions précédentes, acceptées par le peuple, les principes fondamentaux consacrés par le vœu national, et dont chacun s'est pénétré peu à peu, en sorte qu'une bonne constitution, appropriée à nos besoins, est à peu près faite, en France, dans la tête de tous ceux qui pensent. Il ne s'agit plus, en rapprochant et comparant les actes constitutionnels de nos assemblées nationales, que d'extraire, de réunir, de coordonner ces principes, simples et peu nombreux, dont l'oubli et la violation ont seuls causé nos malheurs, et d'écarter avec soin les fausses applications ou les conséquences mal déduites, dont l'expérience a pu faire connaître les inconvéniens.

1. *Le principe de toute Souveraineté réside essentiellement dans la Nation* (9).

2. *La Souveraineté nationale* étant la *source légitime et nécessaire de tout pouvoir*, il s'en suit que les pouvoirs législatif, exécutif, judiciaire, ne peuvent être exercés qu'en vertu de mandats spéciaux

_____

(9) Le Conseil d'État, dans sa *délibération solennelle du 25 mars 1815*, contenant l'exposé des principes qui font la règle de ses opinions et de sa conduite, a consacré la même vérité fondamentale, en ces termes : « *la souveraineté réside dans le peuple ; il est la source légitime du pouvoir* ».

et déterminés, dont les clauses sont l'objet d'un code constitutionnel.

3. La *Constitution* d'un état n'est pas précisément un pacte, ni une convention, comme on l'a trop souvent répété, mais une véritable *procuration* de la nation à ses mandataires, dont les règles, les conditions et les formes se déduisent naturellement de tout ce qui est déterminé par le code civil pour les simples citoyens, qui donnent des procurations, des mandats à leurs fondés de pouvoirs (10). Toute la différence n'est que du petit au grand, du particulier au général.

4. La condition de l'*hérédité*, *consacrée pour la dynastie régnante*, à laquelle le vœu libre de la nation défère les pouvoirs suprêmes du gouvernement, n'est qu'un mode convenu d'une *élection paisiblement continuée pour éviter les troubles*.

5. L'*égalité civile et politique*, reconnue comme le résultat d'un droit naturel et imprescriptible des

---

(10) Cette définition d'une *Constitution*, ramenée à son véritable objet, se trouve développée dans un écrit remarquable par l'indépendance et l'originalité des pensées, qui vient d'être publié sous ce titre : *De la Sauve-garde des peuples contre les abus du pouvoir, fondée sur les règles de la procuration établies dans le Code Civil des Français, applicables à la formation d'une Constitution stable et libérale*, etc.; par P. A. Garros, ingénieur (Paris, avril 1815).

hommes (11), entraîne l'admissibilité des citoyens de toutes les classes à tous les emplois civils et militaires, en raison des vertus, des talens, des services. Par une conséquence du même principe, les distinctions et les récompenses honorifiques sont purement personnelles, jamais héréditaires. (On ne préjuge point ici la question de savoir si, pour la garantie de la liberté publique, il ne pourrait pas être utile d'adopter une Chambre Haute héréditaire : tout ce qui est évidemment convenable et nécessaire au bien de l'état, devient juste et bon).

6. Une *Représentation Nationale,* divisée en *deux Chambres,* délibérant publiquement et permanentes, ou ne pouvant être ajournées sans leur assentiment formel et public, doit exercer *l'autorité législative* avec le concours du chef suprême du pouvoir exécutif. (On peut objecter que, si le monarque n'a point le droit d'ajourner ou même de dissoudre une chambre, dans laquelle prédominerait un esprit de faction, les coups d'état, comme celui du 18 fructidor, deviendraient inévitables, et compromettraient la liberté publique. Mais, ne serait-elle pas plus dangereusement compromise par une trop grande extension donnée à la puis-

(11) « *Les hommes naissent et demeurent libres et égaux en droits; les distinctions sociales ne peuvent être fondées que sur l'utilité commune* ». (Article 1er. de la *Déclaration des droits de l'homme et du citoyen,* publiée le 3 septembre 1791, par l'Assemblée Nationale Constituante.)

6

sance exécutive, qui a surtout besoin d'être limitée et modérée, *pour sa propre sûreté ?*)

. 7. La *Loi*, dont le caractère essentiel est d'être *l'expression fidèle de la volonté générale*, doit résulter du concours et de la fusion des trois volontés de chacun des deux corps représentatifs et du chef de l'état.

8. La *division* et *l'harmonie des pouvoirs constitués*, indépendans les uns des autres dans leurs sphères respectives, mais également soumis à la puissance de la loi, sont l'une des garanties nécessaires de la liberté publique.

9. Une disposition simple, claire, précise, dont l'infraction ne puisse jamais rester impunie, doit garantir la *liberté individuelle* et la *sûreté des personnes.*

10. *La liberté de la presse*, palladium de la liberté individuelle et des libertés publiques, et sauve-garde nécessaire des gouvernemens, doit être garantie par une loi spéciale.

11. *L'inviolabilité des propriétés*, base essentielle de l'ordre social, exige, comme une conséquence nécessaire, *l'abolition de la peine de confiscation.*

Les autres principes, autour desquels se rallie l'opinion de la classe pensante, des classes moyennes et de l'immense majorité des Français, peuvent être réduits aux *onze* suivans : *Le droit de pétition*, formellement consacré ; *l'inviolabilité du secret des lettres; le libre consentement des levées d'hommes* et des *impôts* ; le *libre exercice de tous les cultes;* l'entière *liberté du commerce et de l'industrie;* l'ina-*mobilité des juges,* nécessaire pour assurer l'indé-pendance de leurs jugemens ; l'*institution du jury* conservée; la *responsabilité des ministres* et des agens de l'autorité, sévère et positive, de manière à garan-tir les droits des citoyens et l'exécution des lois; la *garantie de la dette publique; l'intervention des corps représentatifs dans l'exercice du droit de dé-clarer la guerre et de faire la paix;* enfin, l'assu-rance *qu'aucun militaire, parvenu au rang d'offi-cier, ne puisse être privé de son grade que par un jugement de ses pairs,* on d'après un rapport mo-tivé, rendu public, du Ministre à l'Empereur, afin de donner plus de stabilité à l'état militaire, de consti-tuer une armée nationale, d'obtenir ce résultat que les militaires ne soient pas exclusivement les hommes du Prince, mais spécialement les hommes de la na-tion, les défenseurs de la patrie. (Le Prince lui-même sera mieux servi et le trône plus affermi, quand ce noble mobile animera tous les militaires, mis à l'abri des destitutions arbitraires et injustes, et assurés de conserver leur état, qui est leur pro-priété, tant qu'ils seront fidèles à leurs devoirs en-vers la patrie et le Prince.)

Quoique l'impérieux besoin d'offrir immédiate-ment aux Français un code constitutionnel et un point commun de ralliement ait fait adopter un acte, rédigé sans doute avec précipitation, nécessai-rement incomplet, sujet à la révision ultérieure, et formellement promise, de quelques-unes des dispositions qu'il renferme, on aime à reconnaître, d'un côté, que l'*Acte Additionnel*, malgré ses lacunes et ses imperfections, consacre la plupart des bases essentielles, réclamées par les hommes sages et éclairés ; de l'autre, qu'aux termes du considérant du décret du 30 avril, sur les élections des représentans, *cet acte, qui détermine le mode de formation de la loi, contient dès lors en lui-même le principe de toute amélioration, qui serait conforme aux vœux de la nation, interdisant cependant toutes discussions sur un certain nombre de points fondamentaux déterminés, qui sont irrévocablement fixés.*

On a vu avec peine les renvois à des Sénatus-Consultes, illégaux, incohérens, contradictoires, annulés, ignorés de la masse de la nation, dont il était du moins convenable de rappeler et d'exprimer formellement les dispositions que les auteurs de l'acte constitutionnel ont prétendu conserver.

Mais, la nécessité présumée de se rattacher à des institutions antérieures, qui n'ont succombé que par la force des circonstances et par l'influence des armées étrangères, a seule frappé les rédacteurs du Code : ils ont cru voir moins d'inconvénient à présenter leur travail comme la continuation et la modification des Constitutions préexistantes, qu'à produire un ouvrage entièrement nouveau. Par modestie ou par prudence, ils n'ont pas osé, suivant le conseil du Chancelier Bacon, faire table rase, écarter tous les mauvais matériaux, nettoyer le terrain sur lequel ils devaient bâtir, et reprendre l'édifice par ses fondemens.

C'est surtout la Pairie héréditaire et le nombre illimité des Pairs, à la nomination du chef suprême de l'État, qui ont blessé l'instinct national, et qui ont excité une opposition générale. Cette institution d'un patriciat, transmissible par droit de naissance, a paru en contradiction avec la disposition formelle qui déclare tous les Français admissibles à tous les emplois, en raison de leur mérite et de leurs services, et avec le décret du 13 mars 1815, qui prononce formellement l'abolition de la noblesse.

Beaucoup de bons esprits auraient désiré, que la Chambre haute ne pût avoir qu'un nombre de membres déterminé ; qu'ils fussent nommés seulement à vie (12) ; que, pour leur faire prendre leur origine dans le peuple, seule source légitime de tout pouvoir, on fit concourir la Nation et l'Empereur à leur élection, en réglant que chaque Pair serait nommé par l'Empereur, sur une liste de trois candidats présentés par les Colléges électoraux.

---

(12) La prétendue indépendance des Pairs héréditaires, dès lors tranquilles sur l'avenir de leur fils aîné, ne paraît être qu'un sophisme ; car le désir d'assurer à leurs autres enfans des avantages analogues à ceux que le droit de naissance garantit à leur premier né, les soumet à la même dépendance des faveurs du Monarque, si le sentiment de leur conscience, de leur devoir et de l'amour de la patrie ne les rend pas supérieurs aux petites considérations d'un intérêt purement personnel et de famille.

Mais, on doit convenir qu'il fallait à la fois *garantir les libertés et les droits du peuple, et mettre la monarchie à l'abri de tout danger de subversion* (13). D'ailleurs, c'est l'observation rigoureuse des principes constitutionnels qui importe beaucoup plus à la nation, que l'énonciation de ces mêmes principes, trop souvent et trop scandaleusement violés.

Tous les bons citoyens doivent donc s'empresser d'émettre leurs votes sur l'Acte Additionnel, qui recevra plus tard les modifications et les perfectionnemens dont il est susceptible. Le premier besoin de la nation et du gouvernement est de reconstruire le pacte social, de rétablir et d'affermir le règne légitime et régulier des lois, délibérées librement par les représentans du peuple. Il s'agit d'organiser un faisceau national, prêt à résister aux étrangers qui voudraient nous attaquer, nous diviser, nous anéantir. Une coalition est toujours impuissante contre une nation fortement unie. Pour cimenter cette union de tous les Français, il faut leur offrir un gage de la liberté publique, une bonne Constitution. Cette constitution, besoin urgent et immédiat, ne deviendra légalement et réellement l'expression fidèle de la volonté du peuple, qu'autant que le peuple aura pu la revêtir d'une sanction

---

(13) Passage extrait du Considérant du Décret du 30 avril, concernant les élections immédiates des députés à la Chambre des Représentans.

positive et solennelle, après un examen préalable
et une discussion publique, dans une assemblée
de ses représentans.

C'est donc à bien choisir les délégués de la nation
que doit s'attacher aujourd'hui toute la sollicitude
des amis de la patrie. La bonté des choix de nos
Députés peut seule nous préserver des trois immenses dangers, qu'il faut surtout éviter : de la renaissance des dissensions intérieures qui serviraient
l'étranger et favoriseraient une invasion ; du rétablissement d'un système de despotisme, qui ne com-
promettrait pas moins le prince que le peuple ; du
retour aux excès et aux désordres de l'anarchie,
qu'une funeste expérience a dû rendre aussi odieux
aux patriotes les plus ardens qu'aux anciens royalistes et aux partisans du pouvoir absolu. La tyrannie de la multitude, comme la tyrannie d'un seul,
dévore ses instrumens, devenus ses victimes.

Il faut à la France des Représentans qui unissent
la sagesse à l'énergie, le patriotisme aux lumières,
le désintéressement à la fermeté, qui soient animés
d'un noble désir de justifier la confiance de leurs
commettans, qui soient inaccessibles aux séductions
du pouvoir, aux intrigues des Ministres, aux in-
fluences corruptrices et à l'esprit de faction.

Des *acquéreurs de biens nationaux* et des *propriétaires*, connus par leur attachement solide, invariable, raisonné, aux principes de la vraie liberté ;
des *militaires* qui, après avoir défendu l'indépendance nationale au prix de leur sang, soient prêts

à défendre la liberté publique ; au prix de leur avancement, de leur fortune, de leur liberté individuelle, même de leur vie ; des *administrateurs,* des *magistrats,* d'anciens *fonctionnaires publics,* qui n'aient jamais été les agens passifs et les instrumens serviles d'une volonté despotique et arbitraire, mais qui soient toujours restés les hommes de la nation et de la loi ; des *écrivains,* dont le talent, inspiré par le cœur, éclairé par la raison, dirigé vers un noble but, ait toujours été consacré à développer des vues saines et utiles ; des *hommes de bon sens* plutôt que des hommes d'esprit ; enfin, des *Français estimables et purs,* choisis sans distinction des nuances d'opinions qui ont pu les diviser, pourvu qu'ils aient toujours formé et professé leurs opinions de bonne foi, et qu'ils soient dévoués, par un sentiment intime et profond, à la conservation et à la prospérité de leur patrie : tels sont les dignes Représentans du Peuple Français, seuls capables d'honorer et de servir la nation, d'assurer son salut, au milieu des dangers nouveaux dont elle peut se trouver enveloppée ; de prouver à l'Europe que la France, injustement accusée de mobilité, de légèreté, d'inconstance, veut réellement et fortement une sage liberté, dont la possession doit devenir le prix de son noble courage, de ses héroïques efforts, de ses immenses sacrifices.

Si la représentation nationale est bien choisie, si elle est à la fois sage, énergique, fidèle à ses devoirs et à sa mission ; si l'Empereur, invariable dans l'accomplissement de ses promesses, demeure toujours uni d'intention et d'intérêt avec la Nation et ses Représentans, la France n'a rien à craindre de l'Europe ; et les puissances de l'Europe seront forcées de respecter l'indépendance et la tranquillité de la France (14).

---

(14) Au moment où se termine l'impression de cet écrit, plusieurs Décrets importans, qui appartiennent au mois d'avril, mais qui sont publiés dans les premiers jours de mai, donnent à l'auteur le regret de n'avoir pu en faire mention. Outre le Décret du 30 avril, concernant la convocation immédiate des Colléges électoraux, pour nommer les députés à la chambre des Représentans, afin *d'environner le plus promptement possible l'Empereur des corps nationaux ;* un autre décret, de la même date, rend aux habitans des communes, dont les municipalités sont à la nomination des préfets, l'élection des maires et adjoints. On regrette que la mesure ne soit pas générale, ou du moins que, dans les communes dont les maires sont nommés par l'Empereur, l'élection n'ait pas lieu sur une liste triple, résultat des suffrages des Assemblées Primaires.

Un troisième Décret, du 27 avril, rendu sur un rapport du Ministre de l'intérieur *Carnot*, ordonne l'ouverture à Paris d'une *École d'essai d'éducation primaire*, organisée de manière à pouvoir servir de modèle, et à devenir *École normale*, pour former des instituteurs primaires. C'est, en effet, par l'éducation élémentaire qu'il faut attaquer, combattre, extirper, dans leur racine, les vices destructeurs des sociétés.

V. *Du Résultat définitif de la Révolution. Vœu commun des bons Français.*

Le *Résultat définitif de la Révolution Française*, ne doit être, ni l'anéantissement et l'abandon absolu, ni l'abus et l'exagération désordonnée des principes qu'elle a consacrés.

Celui-là seul finira la révolution avec succès et avec gloire, qui saura concilier et combiner ensemble, par une heureuse fusion, dans des institutions durables, dans une organisation politique, bien adaptées à nos convenances et à nos mœurs, les deux opinions des deux classes de Français, vraiment estimables et respectables, dont se compose la masse nationale : elles éprouvent moins un désir fixe et prononcé d'une forme de gouvernement déterminée, qu'un instinct secret, un besoin unanime, impérieux, de jouir d'un certain nombre d'avantages positifs, que les progrès de la civilisation et des lumières, dans notre état actuel, leur font juger devoir appartenir aux hommes réunis en société.

Ces deux classes de Français, qui n'en formaient qu'une seule, en 1789, aux premiers jours de la révolution, constituent véritablement la nation, puisqu'au-delà on ne trouverait plus que les mendians prolétaires, les voleurs, les joueurs, les intrigans, les agioteurs politiques, avides de troubles et de révolution, qui se placent eux-mêmes hors des limites de l'ordre social.

L'une de ces classes comprend les citoyens qui ont pris une part directe et active à la révolution et à la guerre de la liberté, qui veulent retirer et conserver pour eux, pour leurs enfans, pour leurs contemporains, pour les générations futures, quelques fruits de leurs peines et de leurs sacrifices, qui ne souffriront jamais que le nom de patrie soit effacé, que les droits du peuple soient aliénés, que le peuple lui-même soit replongé dans l'avilissement et dans l'esclavage, qu'une Nation généreuse démente, par une abjuration lâche et infâme, aux yeux de l'Europe vaincue, ses sermens solennels de maintenir l'indépendance et la gloire de la patrie, sermens renouvelés tant de fois dans les crises politiques et sur les champs de bataille, cimentés par tant de sang, confirmés par tant de triomphes.

Dans la seconde classe, sont les hommes qui ont conservé un souvenir profond des maux que la nation entière a soufferts, pendant les orages révolutionnaires. Leur imagination est encore frappée du tableau des proscriptions et des supplices, des spoliations et des concussions, que les deux époques de la terreur révolutionnaire et de la réaction royale ont vus se multiplier, souvent par l'influence cachée des agens de l'étranger, des correspondans des Princes et des émigrés, auxquels on avait donné pour instruction de travailler à perdre la révolution par ses propres excès. La prétendue fondation d'un gouvernement libre, qui n'a présenté à cette classe de Français que les dévastations et les fureurs d'une sanglante anarchie, les a portés à confondre les abus de l'institution avec l'institution elle-même. Ils se sont rejetés avec plus d'ardeur vers les principes conservateurs, trop méconnus et violés, en renonçant avec douleur aux vues d'amélioration, qu'ils avaient d'abord embrassées, mais qui leur paraissaient désormais moins séduisantes en théorie, que pernicieuses et meurtrières dans la pratique.

Les premiers tiennent essentiellement aux idées de *liberté* et *d'égalité politiques*, consacrées par nos différentes constitutions, aux principes fondamentaux de la *souveraineté nationale*, source de tout pouvoir légitime, du *système représentatif*, d'un *gouvernement constitutionnel*, librement choisi et adopté par le peuple, du *jugement par jurés*, de la *liberté de la presse*, de la *responsabilité des Ministres* et des agens de l'autorité. Les seconds se rattachent plus fortement aux idées, non moins nécessaires et fondamentales, de la *propriété territoriale*, principale base du droit de cité, de la *sûreté*, de la *tranquillité*, d'une *administration impartiale de la justice*, de l'ordre public, d'un *gouvernement fort, énergique et centralisé*.

C'est à *concilier* et à combiner ces deux grands élémens, l'ORDRE et la LIBERTÉ, que devront s'appliquer les députés de la nation, pour satisfaire au vœu unanime des Français, pour justifier ainsi la confiance et pour mériter la reconnaissance nationale. C'est dans cette association, dans cette fusion d'idées, en apparence contradictoires, mais en effet identiques ; c'est là qu'est le problème à résoudre : *l'organisation d'une liberté bien réglée.* C'est là qu'est à la fois la base et le couronnement de l'édifice social, le but primitif, le complément et la fin de la révolution.

La France est lasse de révolutions et de commotions politiques : elle veut un gouvernement fort, mais national, approprié à l'état actuel de la civilisation et des lumières, qui lui garantisse, au-dehors, son indépendance et sa sûreté, au-dedans, la liberté, la tranquillité, sous la protection des lois. Elle ne reconnaît de lois que celles qui émanent d'une discussion libre et publique d'une véritable représentation nationale.

VI. Conclusion.

J'ai tâché de remplir le but que je m'étais proposé, de rappeler au Gouvernement et à la Nation quelques vérités simples, mais importantes, qui m'ont paru l'expression du vœu réel et unanime des Français, religieusement observé, fidèlement recueilli ; de faire sortir des différentes périodes de notre Révolution un petit nombre de leçons utiles, applicables à l'époque actuelle ; de profiter surtout des fautes récentes et multipliées qui ont fait tomber de si haut, comme par enchantement, une dynastie que ne soutenait plus l'opinion ; de caractériser l'état présent de nos affaires politiques, pour appliquer avec fruit nos immenses ressources, pour éviter les nouveaux malheurs qui menacent la France et l'Europe, si l'expérience et l'opinion sont encore méconnues et méprisées. Enfin, j'ai tracé une faible esquisse de la SEPTIÈME ÉPOQUE, dont il s'agit maintenant de compléter le tableau pour l'histoire et la postérité, par la nature des événemens qui doivent en fixer les résultats. *Ces événemens sont encore en notre puissance : ils dépendent de notre union, de notre énergie, de notre volonté.*

Comme tous les membres de la grande famille Européenne, malgré leurs dissensions fréquentes, sont, par la force des choses, solidaires les uns des autres; comme le bien-être, la tranquillité de chacun des États, qui font partie du même système politique, importent essentiellement au repos et au bonheur de tous, j'aurais voulu jeter un coup d'œil sur les principales puissances de l'Europe qui ont des rapports nécessaires avec la France; examiner l'esprit, les plans, les opérations de ce Congrès, appelé à réaliser de si hautes espérances, détourné constamment de sa noble destination par de petites passions, indignes de grands monarques, par des vues d'envahissement, d'agrandissement, de partage, auxquelles se sont laissés entraîner des ministres qui ont trahi les peuples et leurs maîtres. Une politique large, libérale, créatrice, aurait su se mettre en harmonie avec l'opinion saine et raisonnable des Nations, avec les intérêts réels et bien entendus des Rois. Mais la plupart des hommes d'état et des politiques modernes ne saisissent point les profondeurs de la nature humaine ; ils ne s'attachent qu'à l'extérieur et aux apparences : ils méconnaissent la puissance morale, la force invisible, mais irrésistible, de l'opinion. Leurs ouvrages manquent de base et de point d'appui.

En signalant les fautes graves du Congrès, j'aurais voulu tracer les immenses bienfaits qu'il a pu et n'a pas su donner à l'Europe. Il serait possible encore de réparer ces fautes, d'assurer ces bienfaits de l'*ordre social*, sagement organisé par les lois, de la *paix générale*, fortement garantie. L'histoire, l'expérience, la Révolution, les dernières guerres sont là, qui présentent leurs leçons éloquentes et terribles, récentes et multipliées !

L'urgence des circonstances qui enveloppent et pressent l'Europe m'a seulement permis d'indiquer les immenses dangers auxquels les Rois exposeraient les peuples et surtout leurs trônes, s'ils s'engageaient dans une guerre imprudente, injuste et impie : cette guerre, qui ne serait plus soutenue et favorisée, de leur côté, par les mêmes leviers que la guerre précédente, ne saurait avoir les mêmes succès. Tous les cabinets de l'Europe, s'ils pouvaient apprécier leurs vrais intérêts, sentiraient la nécessité de revenir aux principes conservateurs de la justice, de l'ordre, de l'économie, de la paix, vrais élémens, premiers moyens de la restauration des finances et de la prospérité des États.

Quelques observations sur les principes fondamentaux d'une Constitution libre, sur l'Acte Additionnel aux Constitutions de l'Empire, présenté à l'acceptation du Peuple Français, sur l'importance des élections de nos Députés, qui vont monter à la brèche pour défendre à la fois notre indépendance au-dehors, notre liberté au-dedans, et pour fixer nos destinées, ont offert, si je ne me trompe, le résumé des vues de tous les hommes sages et amis de l'humanité sur ces importans sujets. Puissé-je, en laissant aller librement ma plume, d'après la seule inspiration de mon cœur, en écrivant, j'ose le croire, sous la dictée de l'expérience, de l'opinion, de l'amour de la patrie, n'avoir exprimé que des sentimens et des pensées propres à rapprocher les opinions les plus opposées, dignes de l'approbation de tous les bons Français, de tous les hommes de bon sens et de tous les hommes de bien !

IMPRIMERIE DE FAIN, RUE DE RACINE, PLACE DE L'ODÉON.

www.ingramcontent.com/pod-product-compliance
Lightning Source LLC
Chambersburg PA
CBHW052049270326
41931CB00012B/2699